信任经济

TRUST AND CREDIBILITY

马小秋

著

社会科学文献出版社
SOCIAL SCIENCES ACADEMIC PRESS (CHINA)

目 录 CONTENTS

第一章
什么是信任经济？

改变人生的力量

　　不知从什么时候开始，人与人之间的信任成了一种稀有事物，人们越来越倾向于用"脆弱""弥足珍贵"等词语来形容信任。当我们教育孩子的时候，往往会说"人心隔肚皮""防人之心不可无"，甚至具体到"不要和陌生人说话"。即便是朝夕相处的同事、关系亲密的夫妻，也不能抹去彼此防备的痕迹。

　　这让我想起小学时的一次经历。那是开学第一天，放学后小卖部挤满了购买文具的同学，我也相中了一个漂亮的文具盒，一看价格是八毛钱，而我身上只有七毛钱。我犹豫了片刻，还是来到收银台，趁着一阵拥挤忐忑地把钱递给了老板。

　　出乎意料的是，老板看都没看就把钱放入了收款箱，我顿时明白了，这是他对我的信任！我顿时感到无比惭愧，心想我也应该有诚信，于是我立刻跑回家取了一毛钱，又跑回来放入老板的收款箱。

古人说：小信成则大信立。这是一件小事，却让我亲身体会到被信任的感觉，领悟到做人要诚信。诚信无时无刻不在影响着我们，虽然它摸不着、看不到，却比金子更重要。

时光荏苒，斗转星移。在我之后的人生中，经历了许多的人和事，做出过一番成绩，也体会过人生低谷的感觉。在中华优秀传统文化尤其是《道德经》的影响下，我的世界观、人生观和价值观有了翻天覆地的变化，也找到了自己的梦想并为之奋斗一生。我对于"信任"的理解也更加透彻，并且在生活和工作中运用自如，使之发挥出巨大的力量。

2018 年，我到纽约处理公务时，机缘巧合认识了一位朋友。君子之交，相见恨晚，我们倾心交谈之余，这位朋友邀请我到联合国总部进行一次演讲，和华尔街的精英人士讲讲中国故事、聊聊中华文化。我欣然应承，在密集的行程中安排了一天时间，决定以"追赶心中的太阳"为题，分享我的人生故事，以及《道德经》中"无为而治"的管理智慧。

无为而治，是《道德经》的核心思想，意思并不是说不作为，而是要顺其自然。老子认为，"人法地，地法天，天法道，道法自然"。这是在说，人的行为应当遵循天地的法则，天地的变化规律是由道来左右的，而大道又是出于自然。无为而治就是这一思想的集中呈现，包含着朴素的辩证法思术。

自然万物，由天地中生成，以一种独特的方式存在，蕴含着玄妙的运行规律，当你太过干涉的时候，不但起不到好的作用，反而会出现"为者败之"的结果。

令我感到惊奇的是，虽然隔着中西方文化的鸿沟，但在场的美国朋友却领会到了"道德"的核心意义：要像水一样用道德滋润别人，自己却什么都不讨回，道德才是世间万物的基石。我不禁感叹，《道德经》确实具有跨越时空、连接世界的恒久价值。《道德经》所阐述的宇宙天地以及人生真理，是没有国界的，它虽诞生于中国，却是属于全人类的。

《道德经》曰："上善若水，厚德载物。"在无为而治的背后，"信任"的力量是不可忽视的。

早在我创办公司之初，就发心要以"兴业济民，普利大众"为使命，秉承"无我、利他、专一、守信"的价值理念，坚持"上以无为、下以有为、事以合为、无所不为"的管理方针，从中华优秀传统文化中汲取智慧和力量，最终走出了一条"以德治企"的道路，公司发展得又好又快。

我曾多次谈到，公司最好的管理方式就是化育，是"行不言之教"。一位真正的管理者，不仅能正确认知自我，也能正确认知员工，充分信任员工，明白把什么人放在什么样的位置，才能发挥最大的作用。

老子有言："将欲取天下而为之，吾见其不得已。"许多人不明白这个道理，凡事都喜欢指手画脚、横加干涉。有些管理者控制欲过强，想让员工都按他的意愿行事。他永远不明白，每个人都有自己独特的方式，当你横加干涉的时候，必定会失去很多东西。

就好像夫妻二人的相处之道，如果一方特别有控制欲，从穿衣打扮到日常生活习惯，都想要改变对方，容忍不了对方的独有个性，想把对方打造成自己喜欢的那一种类型，这是错误的，不仅不利于婚姻的幸福长久，还会影响夫妻二人的感情。

所谓千人千面，因人而异，因材施教。对待员工最好的一种状态就是，培养他们的专业技能，在个性特质上任其自由发挥，不管他们用什么样的方法去达到目的，只要不走歪道，就不用强加干涉。和别人相处、和自己爱人相处的时候，须奉行一切顺其自然，应该尽量维护对方的尊严，使其个性得到充分的发挥。

所以，信任应该是人与人之间相互的付出，把我的信任交付于你，我便会获得一份同样的信任。信任的力量在于它的珍贵，因珍贵而伟大，正如一位哲人所说："我把世俗的东西都抛开，我会用生命去捍卫信任。"

信任一个人，意味着肯定他的人品和能力，两者缺一不可。想象你的一位同事，他待人友好真诚，但能力达不到岗位要求，你就不会放心地把事情交付给他；反之这位同事虽然能力突出但为人自私，那你甚至还要提防着点。所以，有德无才是废品，有才无德则是危险品。

在儒家体系中，"仁义礼智信"是做人的基本道德准则，合称为"儒家五常"，贯穿于整个中华文明的发展和伦理道德的传承中，是中国传统价值体系中最核心、最基础的组成因素。子曰："自古皆有死，民无信不立。"信任的力量如此之大，以致失去了他人对自己的信任是一件可怕的事情。战国时期商鞅立木取信令人赞叹，而周幽王"烽火戏诸侯"则令人扼腕。可见信任对一个国家的兴衰存亡都起着至关重要的作用。

现代社会，信任已成为人与人交往的基础，是社会运转和经济发展的基石。无论是在工作还是生活中，你总有信任的人。有的人，还没开口说话，就给人一种可以信任的感觉；有的人，你开始很信任，但时间长了，你便不再信任；有的人，你并不喜欢，但是与这个人打交道，你能够信任他。

信任，是一种关系，也是一种资产，具有极大的价值。当信任无处不在、普遍传递的时候，人与人之间的关系变得融洽，就形成了上升的社会力量，社会运转的效率将大幅提升；而当一个国家缺乏信任，甚至存在信任危机时，则会产生诸多不稳定因素，阻碍人们的正常生产生活，增加整个社会的交易成本。

所以，信任总是影响着两个结果：效率和成本——这就是信任经济。

"诚者，天之道也；思诚者，人之道也。"当你懂得信任，你就懂得了"德不孤，必有邻"，你就明了"见贤思齐焉，见不贤而内自省也"，也就拥有了改变人生的力量。

江山代有才人出

近年，"00后"大学生走出校园，正式进入职场，开启了他们社会人生的第一步。与他们的"前辈"不同，初入职场的他们，丝毫没有职场新人的青涩，甚至做了很多老员工不敢做的事情：拒绝加班、谢绝团建、开怼领导、反向背调、仲裁公司，这些与"00后"有关的职场新闻，一次又一次地让人们惊掉了下巴，也被网友总结为"'00后'整顿职场"。

在网上流传着各种"'00后'整顿职场"的"事迹"。有一名"00后"应聘者去某公司面试，针对应聘表格上的"紧急联系人"一项，其认为是侵犯个人隐私而不愿填写，于是被HR当场拒绝。这名"00后"应聘者随后要求HR退还打车费，再次被拒绝后，应聘者拨打了消防电话，称这家公司存在消防隐患。最后这家公司不得不歇业整改。

信任经济

这其中，招聘公司固然存在不少问题，而这名"00后"的"另类"勇敢却是让人刮目相看。

为什么会出现这种情况呢？其实，一代人有一代人的特点，"整顿职场"或许是一种夸张的说法，我们也不用急着给他们贴标签，因为标签贴多了就容易成为刻板印象。作为2000年后出生的一代人，他们少年意气，青涩莽撞，面临着重重压力，也充满拼搏冲劲。我们不妨以更开放的心态来观察他们，这样才能看到更为真实和立体的"00后"。

90年代之后出生的青年人，是中国经济腾飞和国力日渐强盛的亲历者。相对富足的成长环境，塑造了他们自由的人格，个性突出，追求独立，具有强大的适应力和创造力。他们的成长伴随着互联网、高新技术的飞速发展，天然具有知识丰富、眼界开阔和学习能力强的特点。

同时，他们还拥有与生俱来的自信和底气，有判断是非的知识体系，对于权威不盲目崇拜，表达也更为直接、真实。只要能让新生代由衷欣赏和认可，任何人都可以成为他们心目中的"偶像"。有调查显示，86%的"90后"员工表示倾向跟随能力强、专业度高的上级。

从家庭来看，"90后"、"95后"和"00后"大部分都是独生子女，他们成长起来的家庭氛围相对自由，而且物质生活和精神生活都相对丰富，这是他们人格发育和自我意识成长的双重保障。他们自我意识高度发展，自我体验需求度高，自我掌控力也日益增强。

2020 年的研究数据表明，"90 后"已占企业员工的 42%，加上"95 后"和"00 后"，这些职场新生代逐渐成为企业的生力军。面对这样一个"年少轻狂"的群体，管理者能够从开放的视角去尝试理解，是开展代际和平对话的重要前提。

想要发挥这些职场新生代的力量，企业就必须转换思维，建立更为包容的企业文化。只有采取行之有效的措施，为职场新生代提供广阔的发展空间，才能激发他们工作的主动性和创造性。

事实上，面对这群职场新生代，传统的、树立权威的"金字塔形"管理模式已经过时，取而代之的是以信任为基点、人人平等的"矩阵式"管理模式，以优秀的企业文化和化育的力量，打破职场级别界限，进而创造高效率的行动和成果。

在"金字塔形"管理模式下，管理者高高在上，高层和基层距离遥远，不易沟通和交流，往往无法调动员工的积极性和创造性，导致企业缺乏凝聚力；并且管理层次多，必然造成管理成本增加。

而在"矩阵式"管理模式下，企业一改传统的上令下行方式，人人都要承担责任，都要对分内的事情做出决定，管理者只负责对工作的执行进展进行观察、监督与推进。这样的管理方式，能够激发员工的工作热情。一旦感受到信任与重视，他们就会为企业发展提出好的建议，进而大大提高工作效率。

所以，在企业管理的过程中，但凡优秀的管理者都懂得，与其制定各类条条框框的制度，不如直接放权给有需要的人，进而助力他们充分发挥自身的才智。

美国诺顿百货公司成立于 1963 年，由 8 家服装专卖店组成，采取靠服务而不是靠降价竞争的策略。诺顿百货公司年均销售额达到 40 亿美元，创下了每 0.09 平方米店面销售额达 400 美元的业绩，几乎是业内平均水平的两倍，以至于同行一听到诺顿要开设新店，就备感不安。

诺顿的"秘密武器"就在于，它彻底打破了传统的企业管理模式，使经营者与管理者的任务、行动发生了根本性变化。管理者站在一线员工的背后，主动协助员工做好服务工作，而一线员工不用层层请示，就可以自主决定怎样做。

关于这一点，诺顿公司有明文规定。员工在入门培训的第一天，就会收到一张卡片，上面写着："树立远大的个人和事业目标，诺顿公司的第一原则是，运用自己的良好判断力处理一切事务。此外再无第二原则。"这种充分信任员工的授权，使员工在处理退换货时"说一不二"，为公司树立了十分宝贵的口碑。

在我们集团，自始至终都把"人"放在首位，因为尊重员工是成功的关键，只有用心去尊重和爱护他们，肯定他们的价值，他们才能做到爱岗敬业。我们也从来不用条文制度去管理"人"，而是用优秀文化智慧和正确价值观念去感化和影响"人"，让员工真心认可企业、主动改变自己。这不仅仅是管理"95后""00后"员工的要点，也是人与人之间相处、沟通的前提。

企业陷入困境大多是由管理者用人不当造成的。管理者的成就，不只体现在企业发展水平上，更体现在其用人上。在企业管理中，正确用权，才能起到事半功倍的作用，否则就会造成资源浪费。管理者必须"舍要舍得下，放要放得开"，这不仅是获得成功的基础，更是长远的战略。唯有适时、适度放权，才能充分发挥权力应有的作用，让企业实现长足发展！

对于如今的"95后""00后"来说，其工作阅历尚浅，企业对他们的信任尤其重要。彼此之间真诚交流，不绕弯子，充分调动他们的工作积极性，使其更高效地完成工作。

其实，从一个更高的维度来看，这就是"信任经济"和传统的"权力经济"之间的区别。在这个新时代，我们获取知识的途径变得多元化，人与人之间的素质差别越来越小，"知识平等"已经不再是梦想。从长远来看，"信任"才是这个社会健康发展的根本所在，只有让"信任"充盈世界的每个角落，才能平息纷乱，创造一个美好的未来。

第二章
如何建立信用，超越自我？

表里如一才是道

　　人与动物之间最大的区别在于智力、自我意识、道德和伦理、文化和传承等方面，进而发展出文明社会。而老子说："大道废，有仁义。智慧出，有大伪。"这是因为事物都具有两面性，聪明巧智出现的同时，也带来虚伪狡诈的副作用，智慧的最大危害就在于我们对事物的曲解和误解。

　　从某种意义上来说，人间的一切疾苦和灾祸都源于我们对智慧的错误运用，是我们用智的必然结果。从出生开始，我们就在运用智慧，需要不断地修行和领悟，才能明白"本来无一物"的真谛，回归我们的本来面目，见得真如本性。

　　可惜的是，如今许多人都已习惯戴着面具生活，他们在世人面前表现出虚假的德行、举止和善意，用巧智谋取利益，用虚伪获得信任。这么做的结果，无一例外都是自作自受，最终自己吞下亲手酿造的苦果。

有一位木匠，他干活精细到连一个抽屉的背板都刨得十分光滑、平整，有人就劝他："抽屉这种东西，只要表面光滑就行了，背板和底板这些地方平时又看不到。"这位木匠答道："别人看不见，不代表我也看不见啊！"

这位木匠深知"骗得了一时，骗不了一世"的道理，虚假和欺骗永远都只能成功一次，只能获取一时的信任，这毫无意义。只有坚持自己的原则和底线，做到坦诚待人、表里如一，既不蒙骗别人也不迎合别人，凡事都约束自己、升华自己，终有一天会得到他人的敬佩和爱戴。

许多人都梦想改变人生，他们有的寄希望于"贵人"，有的执着于一个"时机"，兜兜转转之后，只有很少人会发现真相——改变人生首先要改变自己。同样的，建立人与人之间的信任，也要从自我开始，就是先建立自己的诚信，或者说信用。

孔子曰："人而无信，不知其可也。"一个人没有信用，就失去了力量和机会，一个人的信用破产，就意味着被别人抛弃。诚信，是一个人在世上立身的根基，若无信用，寸步难行。就如同被列入失信被执行人名单，无法乘坐高铁、入住酒店等。

"信不足焉，有不信焉。"短短五千言的《道德经》中，这句话就出现了两次，可见"诚信"在老子心中的地位。对于道家智慧而言，诚信是在潜移默化中诞生的，一个人的言行能长期保持一致性，别人对他的信任也就产生了，所以老子说"希言自然""百姓皆谓我自然"。

北宋名臣晏殊，从小聪明好学，7 岁时就能写出一手好文章，有"神童"之称。14 岁时，晏殊被推举参加殿试，他发现考题居然是曾经做过的，还受到过名师的指点。于是他在试卷上写道："臣尝私习此赋，请试他题。"然后，晏殊请监考官将试卷转呈皇帝。还记得以前读到这里时，我的内心大受震撼，如果换作他人，这不就是改变人生最好的"时机"吗？但晏殊"内不欺己，外不欺人"，他的真诚与才华受到了宋真宗的赞赏，便另出试题，选中他为进士，后来又选拔他为翰林。

朝中大小官员经常到郊外游玩或举行各种宴会。晏殊家贫，没钱出去吃喝玩乐，只好在家里和兄弟们读书做文章。有一天，宋真宗提拔晏殊为辅佐太子读书的东宫官。大臣们惊讶异常，不明白真宗为何做出这样的决定。真宗说："我听说，群臣经常游玩饮宴，只有晏殊闭门读书，如此忠厚谨慎，正是东宫官合适的人选。"晏殊谢恩后坦承："我不是不想去宴饮游乐，只是因为家里穷，才不去参加，有愧于皇上的夸奖。"

这两件事，使宋真宗更加信任他了。后来仁宗皇帝亲政，晏殊因正直的品格，备受信任，直至官居宰相，位极人臣。他在《解厄学》中说道："厄者，人之本也。人无贱者，惟自弃也；大智无诈，顺乎天也。"意思是说困厄是人生固有的现象，人不应该自暴自弃、自卑自贱，所谓的顺乎天命、得到上天眷顾，不外乎"真诚无欺"四个字而已。

真正的有德之人，懂得不仅要对别人诚实，更要对自己诚实，做到问心无愧，表里如一。相反，一个不能对自己诚实的人永远不会真正信任他人，因为以己度人是天性，推己及人却需要后天的修炼。

熟读《道德经》的朋友，一定知道"同于道者，道亦乐得之；同于德者，德亦乐得之"。当一个人的生命本体和他追求的品德合二为一，这种品德就会成为他的助缘，此时他就融入了大道，德也能够成就他，"信任"也是如此。

2011年我刚来深圳创业时，经历了艰苦的磨难。那时，企业经营没有达到预期效益，陷入困境，甚至发不出工资，国庆节放假员工都没有钱回家过节。雪上加霜的是，有一位股东表示要抽资走人，一时间公司上下人心惶惶，不知接下来该怎么办。对我而言，创业已不是一件新鲜事了，再大的磨难、再大的考验，我都能坦然处之。但公司二十几位员工沉甸甸的期望，却是我不能回避的首要问题。

在我看来，员工是企业最宝贵的资源，因为一个人再有能力也不可能把所有事情都做完。在当时企业运营那么困难的情况下，他

们仍然坚守岗位，这是他们对我的信任，我又怎么能辜负呢？为了解决工资问题，我在第一时间把名下的车子抵押了，还取空了所有的银行卡，然后以我个人的名义，向6家银行贷款，给大家发了工资。当时有朋友劝告我如果接下来公司出现什么问题，马小秋将会面临巨大的信用危机，甚至影响以后的创业。但对我来说，面对追随我的员工，我义无反顾。那时我每天工作20个小时，拉投资、做计划、想对策，我对自己说："无论如何，我都得坚守下去，不只为我，也为了信任我的所有人。"

每一次失败都带来一次彻悟，每一次彻悟都带来一次进步。经历了那段艰难的时期，我们扭转了颓势，顺利拉到了投资，也留住了人才，此后公司慢慢地好转起来。我想，人与人之间的信任是相互的，需要坦诚相待，以心换心。正是我们所有人的坚守、相互信任，才换来公司美好的未来。

一个人即使面对再大的困难，也不要欺骗别人，更不要欺骗自己，这才是安身立命之本。其实，骗人是一件非常简单的事情，难的是你无法做到永远欺骗自己的内心。无论我们身处何种境遇，都不应该丢掉诚实的品性，因为越是光明正大，越是能够获得别人的尊重和认可。

人生之路从来都是"乱花渐欲迷人眼"，所以我们需要放下妄想，放下执念。《周易》言："方以类聚，物以群分。"虚伪的人以为用智慧得到了想要的东西，却不知陷入的是同样虚伪的世界，接触到的是同样虚伪的人，再也看不见这个世界的美好和真相。

信任始于初心

　　《庄子》中有个有趣的故事：南海之帝为儵，北海之帝为忽，中央之帝为浑沌。儵与忽时相与遇于浑沌之地，浑沌待之甚善。儵与忽谋报浑沌之德，曰："人皆有七窍以视听食息，此独无有，尝试凿之。"日凿一窍，七日而浑沌死。这个故事情节简单却意味深长，蕴含着道家顺应大道的深远哲理。那么，它和我们讲的信任有什么关系呢？

　　在我看来，这里涉及信任的两个重要因素——目的和行为。庄子用一个极端的故事告诉我们：虽然目的是好的，但行为出现了偏差，也会导致灾难性后果，进而失去别人的信任，属于典型的"好心办坏事"。因此，在获取信任的时候，必须使目的和行为相匹配，做到知行合一。

为什么有那么多人信佛？因为佛普度众生，教给我们智慧，劝导我们向善，人们都知道佛的本意是好的，这就是佛家讲的"真诚心"。同时五戒十善界定了行为，起心动念日夜修行，光明智慧的彼岸将不远矣，这就是"行为善"。

　　俗话说：初心不改，方得始终。作为获取信任的重要条件之一，"初心"，或者说"目的"是我们出发的原点，也是行进道路中的指向标，时刻影响着我们的言行。在现实中，当你和别人打交道时，首先要表明自己的意愿，让别人了解你的目的。事实上，当目的对我们有益时，即使面对条条框框，我们也能坦然处之。面对父母的管教，孩子虽然会不服，却不会怀疑父母的关心和爱护；当老师批评学生时，我们都知道那是爱之深，责之切。

　　我常常和大家分享"追赶心中的太阳"的故事，这里的"太阳"就是指中华优秀传统文化。在我看来，一家成功的企业，文化建设占据重要位置，我把它称作企业的精神文明，其中的使命、愿景、价值观构成了企业的文化基因。正是这三者时时刻刻在告诉所有人，这家企业存在的目的以及创始人的初心。对于马氏而言，我们奉行"无我、利他、专一、守信"的价值观，以实际行动闯出了一条"以德治企"的创新道路，获得了千万人的信任。

我们从来不曾遗忘初心，不忘与最初的合作伙伴同行。我们不在乎对方的规模大小，主要判断其是否诚实守信。我们会尽量带着伙伴们一同发展，实在是跟不上公司的脚步了，才会画下合作的句号。许多曾经的画面浮现眼前，我的心里真是五味杂陈。记得有一次公司急需印刷一批经典书籍，为此印刷厂的老板亲自搬运货物到现场，看到他忙得大汗淋漓的样子，我很受触动。他们一定是通宵达旦地赶工，才保证次日清晨及时将货送过来。他们真的是在用心做事，也做到了诚实守信。这也是我们坚守初心收获的信任。

　　坚守初心，说来容易，却是做起来难。因为人生充满了种种诱惑，财、色、名、利……时刻动摇人们的心性。我们都有着美好的心愿，追求幸福的家庭、成功的事业……但这些都不是轻而易举就能实现的，而是要历经人生的千锤百炼、忍受命运的暴风骤雨。

　　之前看过一篇报道，令我感慨作为企业家真的很不容易，尤其是作为有着家国情怀、天下格局的企业家，为了守住初心，一定要承受很多常人难以承受的事情。我们常说时势造英雄，什么样的人是英雄？是把生死置之度外，把民族大义放在首位，毫不利己专门利人的人。这个时代面对的是没有硝烟的战场，一切的战火都是各种因缘的聚合，和平与战争都取决于人类自己。

　　在现实中，我们还常常会陷入这样一个怪圈：习惯于按照自己的想法和思维定式去判断别人，所以误解随处可见。"以小人之心，度君子之腹"，就是因为没有从自己的初心出发，而是随意揣度别人的意图，于是信任也在那一瞬间土崩瓦解了。

记得有一年，公司下属的一家文创公司老总（A老总）提出，当年的中秋月饼由我们自己来做，即自主创作、自主采购，不仅更加贴合公司的品牌文化，也能有更高的性价比。我觉得这个想法非常好，就鼓励他们大胆创新。很快文创公司就拿出了一套方案：与故宫博物院合作开发一个联名品牌，基于丰富的传统文化元素，结合公司企业文化和LOGO，细心打造走高端路线的中秋月饼礼盒。中秋节当天，精美的月饼礼盒赢得了大家的赞叹，公司员工人手一份，拍照的拍照，发朋友圈的发朋友圈，一派欢乐的过节气氛，可以说是与众不同的一个中秋节。

过了几天，公司高管群中另一家子公司的老总（B老总）突然发了一篇文章，称要"揭露月饼事件的内幕"。文章指出，文创公司与外部商贩"勾结"，月饼其实是在福建一家小村庄生产的，并没有故宫博物院的授权，整个事件就是在"造假"。原来故宫博物院的一位副院长是B老总父亲的朋友，前段时间他上门拜访这位副院长时，才得知根本就没合作这回事。

一石激起千层浪，公司56位高管都在这个微信群中，文章一发出来就产生了极大的影响。我立马把A老总叫来询问情况，然后委托信息部门进行深入调查，才搞清楚事情的真相。其实，故宫博物院对于这种合作授权并不会亲自操作，而是交由一家公司统一负责。此次月饼礼盒联名合作，正是通过这家公司进行的，所有流程都是手续合法、生产合法的，甚至月饼礼盒还取得了对外售卖的授权，在京东平台也有售卖。问题的关键在于：合作的链条比较长，故宫博物院可能很难直接了解A老总的这种合作授权。

事情至此水落石出，但已造成恶劣的影响。A 老总憋了一肚子气，声称"士可杀不可辱"，要起诉 B 老总诽谤。其实我知道 B 老总的本意是好的，他是想了解具体情况，帮助大家规避风险。但他在听到副院长的话之后，就匆忙做出了判断，以"不信任"的态度写下那篇文章，并直接发布在微信群中。试想，如果这时候他能够回归初心，本着都是为了公司利益的想法，通过合适的渠道反映情况，那么就可以避免不必要的麻烦，就能大事化小，小事化了。

　　子曰："不患人之不己知，患不知人也。"人性是复杂的，也是难以捉摸的。我们在与他人打交道的过程中，往往会忽视"初心"的力量，只是凭着自己的直觉，盲目地去努力，最终结果常常南辕北辙。应当坚守本心，把人做对、把事做好，学会用智慧的方式处理人际关系，既能像冬季的太阳温暖大地，也能像春季的小雨滋养万物。能做到这一点，也一定能走好人生路。

知人善任和能者居之

在两千多年前的秦末乱世，最耀眼的历史事件莫过于"楚汉争霸"，出身贫寒的刘邦仅用短短五年时间就击败了兵强马壮的"贵族"项羽。刘邦总结道："吾文不如萧何，武不如韩信，谋不如张良，然能成事者，善用人也！"东汉末年诸侯割据，卖草鞋的刘备白手起家，先是"桃园三结义"结拜了关羽、张飞，又"三顾茅庐"请来了诸葛亮，刘备的事业慢慢走上正轨，魏蜀吴三国鼎立，这也是一个知人善任的例子。

一个运行良好、健康向上的组织，离不开"百花齐放"的人才生态；一个睿智的领导者，能够做到知人善任和能者居之，让这些人才各尽其用、各得其所。

大家在面试时，几乎都会被问到"你的优势在哪里，你能为公司带来什么？"对此，每个人都有自己的答案，但归结到一点，其实就是要展示自己的专业知识和能力水平与这个岗位的要求是否匹配。

唐太宗李世民在《帝范·审官篇》中言："智者取其谋，愚者取其力，勇者取其威，怯者取其慎。"汉初三杰凭借卓越的才能，在各自的领域大显身手，成为刘邦的得力干将，立下了赫赫功劳。其实，大家通过面试的原因也是如此——公司认为你的能力足以胜任这个职位。

众所周知，马氏一直以来都致力于传承和发扬中华优秀传统文化，坚持"以德治企"的创新道路，其实拥有与"德"相匹配的"才"同样重要，"德才兼备"方堪重任，内外兼修才能真正赢得信任。

所以，获取别人的信任是需要专业知识的，"有能力"是赢得信任的必要条件。我们每个人都有别人所不能及的优势和长处，只有清楚地知道并善加利用，才能让能力成倍地增加，把优势发挥到极致。成功者尽管路径各异，却有一定之规，那就是扬长避短，走属于自己的路。

《道德经》云："知人者智，自知者明。胜人者有力，自胜者强。"这句话对于每个人的立身处世都有着重要意义，"自我的觉知"是老子提倡的"大道"，也是我一直以来与大家共勉的。只有不断地自我觉知，才能放大自己的心量格局，成就大事业。

在我看来，有能力的人能够清醒地认知自己，客观地认知这个世界，正确选择自己的人生道路。"当局者迷，旁观者清。"做人最难的往往就是认清自己，很多时候我们遇到的一些问题，根本不是外部环境带来的挑战和考验，而是自己给自己设置的障碍，"物随心转，境由心造"，自己面临什么样的处境，往往都是心性决定的。要想正确地认识自己，就要先摆正自己的位置，不要过高地估计自己，也不要低估自己。

当认知到这一点时，就会明白认知自身最重要的是——觉知、觉醒和进步。觉知自己的起心动念是否符合道德标准，觉醒自己的言行举止是否符合自然规律，进而不断成长和进步，掌握人生的主动权。

有能力的人往往有超越常人的毅力，持之以恒地为实现目标而努力。在我们身边常常有这样的人：做事"三分钟热度"，轰轰烈烈地开始，悄无声息地结束，看似铆足了劲，实则遇到困难就退缩，甚至走到生命终点，都没有实现一个梦想或目标，成就属于自己的一番事业。还有的人常常羡慕成功人士的风光，却没有看到他们在背后拼命的经历，也不知道成功需要福德能力的支撑，更不愿为此做出任何实际行动。

要知道，人世间没有平坦的道路，无论我们怎么选择，总是会遇到重重阻碍，只有踏平一个又一个阻碍，才能一步步登上人生巅峰。最重要的就是保持专一，尽己所能，把当下的每一件事情做好。比如我在秋言物语直播时，就会专注于当下的分享，把了悟的道理和智慧传递给大家，而不会中途停下来处理其他事情。因为我知道，如果连半个小时的分享都没有办法坚持的话，就更别说坚持长久的事业或取得更大的成绩了。

马氏创立十余年来，从一个十几人的小公司发展为上千人的多元化跨国公司，离不开许许多多人才的贡献。唯才是用，能者居之，是公司用人的重要标准。只有这样，公司才能吸引人才，持续壮大，也让所有人心服口服，形成良性的生态环境。

善始善终

人生百态，世间万象，我们每个人都有不同的人生选择、方向目标。也正因如此，有些人十几岁就获得成功，有些人五十几岁才如愿以偿；也有些人早早退休颐养天年，有些人耄耋之年仍辛勤劳作……选择什么人生，付出几分努力，收获何种结果，一切皆出于自己的"心"。

我在年轻的时候，就梦想着领略外面的精彩世界，追赶心中永不泯灭的太阳。要如何做呢？我一开始以为，谈恋爱、结婚生子能帮我打开新世界的大门，结果发现现实并没有想象中美好。所以，我开始学习传统文化，积累创业经验，慢慢地找到了适合自己的发展方向。如今，我已小有成就，往昔的梦想也在一步步地实现。

时至今日，我仍然把大部分时间都用在工作上，同时利用剩余

信任经济

的时间不断充实自己，让自己每天都有所进步。我一直在追赶心中的太阳，一直在为实现梦想奋斗不止、自强不息。几十年如一日的自律和精进，让我能够始终保持游刃有余的状态，不断和大家分享我的心得感悟，自如地为大家答疑解惑。

在历史上，有数不清的文人墨客、政治家、科学家和学者，终其一生追求梦想、完成使命，为国家、为社会做出无量贡献。我一直把他们作为榜样，因为这样的人做事情能够善始善终，持之以恒，并给出一个优秀的成果。这样的人，值得所有人报之以信任。

"史家之绝唱，无韵之离骚"，说的是"二十四史"之首《史记》。它记载了中华民族三千多年的壮阔历史，是中华文化的空前杰作，也是世界文化的无价瑰宝，对我国史学和文学都有深远影响。说起《史记》的成书过程，当然离不开一个人——司马迁。司马迁出生于史学家族，他的父亲司马谈身居太史令，也是一位著名的历史学家。耳濡目染之下，司马迁从小就刻苦学习，对问题探根寻本，他10岁开始读古书，20岁就南下各地游历，是真正的"读万卷书，行万里路"。

父亲去世后司马迁继任太史令，开始编纂《史记》。此时他身居高位，身边还有一群志同道合的同事，可谓志得意满。但天有不测风云，在"李陵事件"中，司马迁因言获罪被捕入狱，还遭遇奇耻大辱被处以宫刑，在形体和精神上都遭受到了巨大的创伤。出狱后的司马迁忍辱含垢，继续发奋著书，前后历时14年，创作出中国第一部纪传体通史《史记》。

在《报仁安书》中，他是这么写的："人固有一死，或重于泰山，或轻于鸿毛。"司马迁背负着父亲穷尽一生也未能完成的理想，面对极刑而无怯色，在坚忍与屈辱中从一而终，完成了那个属于太史公的使命。"究天人之际，通古今之变，成一家之言"，《史记》基于严谨的考证、翔实的史料和客观的评价，具有较高的可信度，让后人能够更准确地了解历史人物和事件。

《道德经》第六十四章言：慎终如始，则无败事。追逐成功的想法人人都有，但许多人往往仅凭一腔热血，却不知好奇会消散，热情会冷却，理想会破灭，大义会淡薄，责任感会缺失。正如我对公司员工说的，既然有缘分来到这里工作，就要想着如何在这里牢牢扎根，不要朝秦暮楚、见异思迁，当你三心二意的时候就已经失败了，你的人生就会像无根的浮萍一样四处飘荡。无论我们想要收获什么，都要辛勤耕种才行，想要收获福报，就要悉心耕种福田，想要收获财富，就要学会加倍地努力与付出。

人生是一场漫长的考验，我们不仅要善于让事情开始，更要锲而不舍，永不放弃，向着自己的梦想进发，最终才能收获丰硕的果实。所谓天道酬勤，厚德载物，在追求理想的过程中，我们要时常反思自己有没有坚定不移的信念，有没有卓越的技术才能，有没有吃苦耐劳的品质，有没有无私奉献的精神。那些勤奋的人，不会把希望寄托于幻想，只会脚踏实地去创造自己想要的生活，有德行的人不会把心思用在争名夺利上，却会自然地收获财富，更会受很多人的爱戴。

能做到这一点，并取得一个又一个成功时，你获得的信任就会越来越牢固，这意味着你将得到更多的机会、更多的选择，以及产生更大的影响力。作为公司的领导者，我对此深有体会——马氏盛族一路走来，取得的成就数不胜数，支持我们的人遍布海内外，涉及各行各业，正因为如此马氏才能够茁壮地成长起来。

如今，马氏盛族已经成为一家大型跨国集团，业务遍及全国各地以及海外，公司员工也有上千人。企业始终秉承"无我、利他、专一、守信"的精神，脚踏实地，从一而终，做出成绩。我知道成功不是空有幻想就能拥有的，也不是靠不择手段争夺而来的，这一切都是要靠勤奋去创造、靠德行来承载的。常言道，"德不配位，必有灾殃"，如果缺乏德行、福报来支撑名利，在往后的人生道路上，必然会出现各种各样的问题。所以，不要觉得自己应该得到什么，而是要多想一想可以付出什么，应该如何培植自己的福德。

第三章
如何知行合一，建立信任关系？

讲真话有多难？

大家都读过《皇帝的新装》这个故事，愚蠢的皇帝被两个骗子愚弄，穿上了根本不存在的新装。赤身裸体游行之际，大臣和平民都在睁眼说瞎话，只有一个小孩子说了出来："可是他什么衣服也没穿呀！"这句振聋发聩的话击溃了所有的谎言，也带给我们深深的思考。

是啊，讲真话真的太难了！在现代人看来，"说话"已经成为一门艺术，虚虚实实，避重就轻，朋友往来要客客气气，生意场上更要兜兜圈子。我们也习惯了"逢人只说三分话"，认为好听的假话比真话更顺耳。甚至还有一些人处事圆滑，说话不尽不实，善于搬弄是非，混淆视听，还自诩"情商高手"。这种人心机深重，为人虚伪，是我们需要远离的对象。

在我看来，凡此种种，皆因修行不足。《论语》曰："君子坦荡荡，小人长戚戚。"《庄子》说："真者，精诚之至也。不精不诚，不能动人。"一个有智慧的人，总是效法自然、看重本真，不受世俗的拘束，愚昧的人则恰好相反。

知名企业家董明珠面对央视采访，讲了一段颇有个性的话："一个人如果不讲真话挺可悲的，也许别人认为我这个人修养不够，别人有修养不说（真话），我为了讲真话，宁可不要这样的修养。"事实上，敢讲真话的人才具有真正的"修养"，他们有深度、有格局、有智慧，能赢得他人的钦佩与信任。他们活得真诚，活得坦率，不多言，也不搪塞，更不会去掩饰和修辞，与他们打交道你可以直率交流，不必担心有什么后果。

我们公司，看重的就是个人的道德修养和文化素质。大家通常认为销售员只需要把产品属性、功用等了解清楚就可以对外推广了，我们公司则不然。销售员不仅要了解产品，还要理解产品背后的文化理念，这就要求他们不断地提升自身文化素养。我们为什么要这样做呢？古训有言："德者，本也；财者，末也。"这就告诉我们求取钱财的根本在于修养德性、注重德行。所以我们公司的销售人员总让人感觉很真诚、很温暖，无论是谈吐还是举动都与众不同，十分得体，这正是源于道德文化的熏陶。

还有许多人问我，部分员工的工作量是不饱和的，为什么还要留着他们呢？因为"养兵千日，用兵一时"，虽然他们平时的工作任务不多，但也从来没有偷懒耍滑，而是坚守岗位、认真完成本职工作，并且在公司有需要的时候，挺身而出、加班加点贡献力量。由此可见，对一件事情的心态不一样，说出的话、提出的观点就会不一样，所以不管别人怎么说，我始终以善心、善言、善行对待每一位员工。事实表明，当我的员工感受到了善意，他们会报以同样的善意和善行。

所以，人与人之间的交往，只有以诚相待、坦诚相见，才能赢得信任、立得长远。坦诚的人，会在与人交往的过程中表达自己的真情实感，这是获得他人信任的一张通行证。相反，那些虚情假意、曲意逢迎的人，则会令人心生防备，信任便无从谈起。

我在公司曾开展过一次名为"历事炼心"的内部培训，可谓是推心置腹、毫无保留地与员工分享了我的心路历程和创业过往。当时，公司创立已有九年，业务处于急速扩张阶段，员工数量也大幅增加。为了让员工更好地了解我本人，也为了更好地做好公司的品牌宣传工作，我召集了公司的文化部门，以及包括影业和传统文化传播公司在内的所有员工，总共100多人，他们都是站在公司文化宣传最前沿的人。

我从少女时代讲起。因为我的母亲出生于书香世家，常常阅读经典古籍，所以我在耳濡目染之下对传统文化产生了深深的兴趣。

高中的一堂历史课上，头发花白的老教授谈及传统文化时，目光中迸发的亮光让我大为感动，而讲到传统文化逐渐被遗忘的现状时，他的落寞神态也深深刺痛了我。从那时起我就立下宏愿：要用毕生精力复兴、传承中华文化，将老祖宗的文化发扬光大，让她再度闪耀荣光。我的一生都在追赶"心中的太阳"——中华优秀传统文化，这个"太阳"不仅让我摒弃了创业失败的烦扰，更赋予我重新开始的力量。如今，《道德经》成为公司的治企宝典，我们也成功打造了"道德治企"模式。

我还谈到了我与合伙人之间的故事。我们如何相遇、如何相识，如何走到一起、共同创业。从我们认识的那一天开始，彼此的人生就发生了转变，我们相互影响、相互改变，就好像两颗星星相撞在一起，迸发出璀璨的光芒。这其中，有过波折、有过坎坷，也有过巨大的成就。过往历程，我都一一道来，没有过多的修饰，而是平铺直叙地讲述。正是通过这种真诚的分享，我展示了一个最为坦诚和真实的自己，也感动了在场的所有人。我在漫长的讲述中热泪盈眶，台下的员工也一起哭了起来，那一幕永远铭记在我的心中。

经过这场培训，文化部门和文化公司的员工更加深刻地理解了我的发心和初衷，以及公司的经营理念，对公司的认同感也大幅提升，从而更全身心地投入到工作当中。这正是公司所倡导的——我们从来不把工作看成是强制性的，而是希望基于信任，让大家自发自觉地完成本职工作，并从中追寻自己的价值和理想。

有人说过，坦诚胜过一切智谋，它是最明智的策略。把心放正、放宽，不要以狭隘、片面的观点看待他人、看待世界，"静坐常思己过，闲谈莫论人非"，不要背后说人，搬弄是非。佛家口业有四：妄语、两舌、恶口、绮语。妄语指的就是谎言、空话、假话，见说未见，未见说见，以假为真，指鹿为马。身口意三业中造口业是最容易的，随口一说，可能就会给他人带来伤害，也会给自己种下恶因，所以祸从口出，因果不饶人。

其实我们也知道说假话很累，因为一个谎言需要无数个谎言来掩盖，而一旦谎言被拆穿，别人对你的信任就会荡然无存。要知道，路遥知马力，日久见人心。相处久了，别人终会知道你是怎样的人，是真心实意，还是虚与委蛇，终会在阳光下无处遁形。提升修养，让自己活得真诚、活得坦率，从一开始就讲真话、讲实话，以智慧和格局去赢取他人的信任，才是正道。

己所不欲，勿施于人

　　"无为而治"是《道德经》的核心观点，"无为"涵盖了老子思想的实质与精华，其思想精髓是让我们遵循万事万物的法则和生命的规律，让人生的生命历程更加圆满。"人法地，地法天，天法道，道法自然。"拥有如此体悟并付诸行动，就可以做到"无为而无不为"。

　　这种感悟的前提是什么呢？我认为是《道德经》第二十章提到的"人之所畏，不可不畏"。敬畏天地，才能尊重自然规律；敬畏生命，才能珍惜生命；敬畏真、善、美，才能追求更高的人生目标，成就自己。人生所有的福报，皆源于一颗敬畏之心。

　　常怀敬畏之心是为人处世之道，也是安身立命的智慧。敬畏并不是懦弱，而是从灵魂深处散发出来的尊敬和震撼。我们所有人都是渺小的，同时也是伟大的，芸芸众生，并无差别。明白这一点，

就会心存敬畏，待人就会多一份尊重，做事就会多一点分寸。

《易经·系辞传》言："君子上交不谄，下交不渎。"对待比自己强的人不谄媚，对待比自己弱的人不轻慢。尊重他人是一种人格修养，一种举手投足间的知性与优雅。懂得尊重他人的人，也一定是受人尊重的人。

"己所不欲，勿施于人"，这是孔子口中需要终身奉行的"恕道"，与老子的"无为之治"有同工异曲之妙。一个懂得尊重他人的人，能够换位思考，体谅别人的难处；能够一视同仁，真诚地维护每一个人的尊严；也能够释放善意，拉近与别人的距离，收获他人的信任。

尊重他人，不在乎某个重要时刻，或是某个重大的场合，而要体现在一点一滴的小事中，在最细小的地方表达尊重。哪怕是一句普通的问候，一个温暖的拥抱，都能使人感同身受，通达彼此的心灵。

还记得2018年我到美国处理公务。某天参加了好几个会议，助理手上也多了几袋资料，晚上我们一行人回酒店休息。看着酒店门口的服务生，我对助理说，这些资料就让服务生拿回房间吧。助理虽然觉得东西说多也不多，自己完全可以搞定，但还是把服务生叫了过来。服务生一听有活干也很高兴，马上推了行李车，帮我们把资料拉回房间，摆放得整整齐齐。我让助理给了他20美金小费，他一边说着谢谢，一边欢天喜地地走了。在之后的几天里，对于下楼买东西、拿资料等事情，我都让助理交给服务生去做。

其实，我一直鼓励员工出门在外，自己的事情自己做。但对于酒店的服务生来说则不同，他们工资一般都不高，酒店客人的小费对他们来说是一笔很重要的收入，所以叫他们帮忙做事并付以小费，对他们来说就是最大的尊重，也是最大的尊严，因为靠着劳动获得收入是一件很有成就感的事情。

所以，尊重其实也是一种对他人的理解。理解是一种高贵的语言，是心灵静默的一种升华。有位哲人曾说过：善于理解别人的人，发现世界上到处都是一扇扇门；不善于理解别人的人，发现世界上到处都是一堵堵墙。学会理解，需要的是一种真诚的态度和感情，设身处地为他人着想，从他人的角度看待问题。我们每一个人都渴望得到理解，但在此之前需要先学会理解别人。或许我们做不到"海纳百川，有容乃大"的宽宏，但我们可以用一颗坦诚、恳切的心去对待身边的人与事，多一份理解，就多一份温暖；多一份理解，就多一份感动；多一份理解，就多一份美好。

在美国期间，还有一位司机给我留下了深刻的印象。那时，为了方便出行，我们在租车公司租了一辆车，司机是一位四十多岁的华人。还记得他第一天来酒店接我们，助理打开车门一看，动作就停住了，对司机说稍等一下，然后退到路边掏出手机打起电话来。我在后面看到这一幕，就问助理是怎么回事，助理说这辆车太脏了，要让租车公司换一辆。

我于是走上前去看了一下，确实这辆车明显是平时都没有怎么打理过，连座椅都是脏兮兮的。我和司机打了个招呼，然后对助理说：不用换了，就这辆车吧，都是中国人，要互相照顾。刚好我带了一条披肩，于是助理把披肩垫在座位上，我们就上了车。在车上，我和司机聊了起来，了解到他姓高，老家是福建的，来美国已经有二十多年了。一家老小，父亲母亲老婆孩子共七口人，全靠他一个人开出租车养活，日子过得并不轻松。他也很高兴能在美国遇到来自中国的客人，一边介绍自己，一边说起了纽约这座城市的故事。

　　第二次来接我们的时候，他穿了白衬衫，打着领带，鞋子也刷得锃亮，显得精神焕发。车子里里外外擦得干干净净，特别是后排的座位一尘不染，让人怀疑是不是换了一辆车。显然，他注意到了昨天的状况，并放在了心上，然后默默地做出了改变。我不禁有一丝感动，这就是人与人之间的默契，心灵与心灵的碰撞，不需要过多的言语。在美国的整个行程期间，他都像一位老朋友一样，准时出现、准时把我们送到目的地，从来没出过一次差错。

　　当我们要离开美国的时候却出了一个状况。多日的考察和调研下来，我们收到了许多资料和礼物，其中包括一些贵重的古董，并不方便带回国内，正不知如何是好。他得知了我们的难处，马上拍着胸膛说："您放心，东西全都放我家里去，我让母亲分好类别做好标记，定期打扫干净，一定保管得好好的。"两年以后，我们又来到纽约，这次是在美国的公司要举行生命水的发布会。助理给他打电话时，他们一家人正在迈阿密度假，得知我们第二天就要用到之前的那些资料时，他说："不要着急，我现在就开车回去，保证准时把资料交给您。"

这是我那次美国之行的意外收获，收获了一位朋友，也收获了一份情谊，可谓"无心插柳柳成荫"。在我眼里，生活中的尊重无处不在，也并不复杂。处处把他人放在眼里，在任何场合、任何情况下都要平等谦虚地对待他人。我们的世界就好比一个大舞台，每个人都在这个舞台上扮演着不同的角色，无论扮演的是什么角色，要想把你的角色演好，首先就得学会做人。学会平等待人，是做人最起码的常识和要求，只有平等待人，才能赢得他人的尊重。

互相尊重，相互信任，是一种默契，也是一种幸福，可以化繁为简，化大为小，化暴雨狂风为和风细雨，化唠叨说教为一个眼神和微笑，它润物细无声，成为我们前行的动力源泉。

沐浴在阳光下

近年来互联网快速发展，信息的传递数量和速度达到了前所未有的高峰。但网络在便利我们生活的同时，也带来一个大问题——各类网络谣言"满天飞"：果汁与海鲜不能同吃、人造鸡蛋能当乒乓球打、长时间戴口罩会诱发肺癌、"聪明药"可快速提高成绩等，轻则乱人心绪，重则严重扰乱社会秩序。特别是每次出现热点事件时，网上就会谣言四起。

有句话叫"谣言止于智者"，但问题在于现实中"普通人"往往才是大多数。选择与"权威"站在一起是抵制谣言的极好方法，政府机构、官方渠道、名人大V等都是比较可靠的信息来源，这是一种公信力的体现。但有时公信力也会受到挑战，在"周老虎"事件中，有关部门躲闪回避、遮遮掩掩，让我们意识到权威机构在公布信息时也是有选择、有诸多考虑的。

其实，大量网络谣言产生的主要原因有两个：一是信息公开不及时，信息不对称，无法满足公众的知情权；二是一些网络用户和平台为了追求流量、蹭热度而编造谣言，并形成了一条黑色产业链。从这个意义上讲，只有建立公开的信息渠道和透明的规章制度，才是粉碎谣言、还原真相的不二法门。让事情沐浴在阳光下，展现出开放而真诚的态度，正本清源，顺应大道。治国是如此，治企也是如此。

《荀子·正论篇》道："故主道利明不利幽，利宣不利周。故主道明则下安，主道幽则下危。"有世俗之学说认为：君主治理国家的方法最好是隐蔽真情，不让民众了解。荀子则认为这种观点是错误的，君主的统治措施以公开明白为好，而不宜隐蔽真情，君主越公开明朗，臣民就越安定，否则就会形成人人自危、人人惶恐的局面。确实，一位君主，居于深宫，营造神秘氛围，能给人以高深莫测之感，却也使得人与人之间心生隔阂和恐惧，生活在不安之中。开诚布公、公开透明，才能让人民知晓问题所在，齐心协力，创造安定祥和的生活美景。

对于企业来说，维持"玻璃般透明"的经营至关重要。这也是日本经营之圣稻盛和夫的经营原则之一，即在公司内部构建以信任为基础的经营体系，公司"每个人都敞开心扉，在工作上追求公开性"，让公司内部如同玻璃般透明开放，大家才能把全部精力投入工作中去。为了做到玻璃般透明经营，稻盛和夫先生认为最重要的是领导者严于律己，公正无私，以光明正大的作风树立威信，体现魄力，打造领导的统率力。公司领导者在思考什么，瞄准的目标是什

么，都要准确地传递给员工，从而形成合力，让员工朝着正确的方向奋进。

对内严格自律，上下一心，普通员工也要清楚公司的经营状况，关键时刻才能够共渡难关；对外敢于公开，让用户和消费者拥有充分的知情权，自然会有越来越多的忠实顾客。在海底捞的官网上，每个月都会公布食品安全检查的处理公告，自曝门店"黑料"。例如，南京某店调取监控发现4月18日14:13员工使用自来水配制西瓜汁；广州某店调取监控发现3月18日21:18水果房一名员工手移动垃圾桶后上岗切西瓜前未洗手；徐州某店油碟房一名员工指甲长；等等。就是这样的一家餐饮企业，敢于长期对外公布负面新闻，告诉消费者后厨发生了多少违反食品安全条例的事情。有人说，就凭这点，海底捞很可能是目前中餐企业里最透明也最干净的一家了。

在现实中，受限于信息渠道，我们往往走向两个极端：要么什么都不信；要么只信自己亲身经历、亲眼所见，以及亲友。问题是任何人的知识都是有限的，对社会整体而言，让每个人都耗费过多精力去辨别真假，其实也是极大的浪费，在经济意义上是极其低效的。不仅如此，一个低信任度的社会，在社会资本的积累、商业运作各方面都会带来麻烦和损害。

还有许多企业和组织认为：相比起公信力这种无形资产，实际利益更加重要，因此宁可放弃公信力，也要维护它们的既得利益。在我看来，这是典型的舍本逐末。除非公众别无选择，否则这样的做法通常的结果是两头落空，随着公信力的丧失，实际利益也一并失去了。一个辛辛苦苦创建起来的品牌，一旦失去公信力，马上就会被市场淘汰，三鹿等就是前车之鉴。

公开透明是企业的底气，自律监督是企业的骨气和实力。在马氏十余年的发展过程中，晨会制度是独特而宝贵的企业文化，也是我创办公司的纲领。在晨会上，我们诵读《道德经》，传递千年的文化和圣贤的智慧。我会分享自己感悟的人生道理，创业和守业的经历心得，定期向大家汇报公司的经营情况和未来计划。通过这种日积月累的分享，我们传递着公司的精神价值和社会责任理念，让越来越多的人了解马氏、信赖马氏，也让公司所有人凝聚在一起，形成无往不利的力量，让团队朝着正确的方向奋进，最终达成目标。许多人惊叹于我们能够坚持4000多天风雨无阻，但在我的感受中从未有过"坚持"，它仅仅是一件自然而然的事。

在突发重大事件发生时更需要公开透明，这时的公开透明尤为重要。比如疫情期间高频的政府新闻发布会，已经成为必不可少的动作。可以看到，中国展现出了极强的行动力，这种行动力正是源于正确、强大的领导力和智慧力。中国的发展壮大基于全心全意为人民服务，为此我们才能众志成城、共克时艰。

其实作为一家企业、一个机构，在面对上百万甚至更多的用户时，不可能面面俱到，毫无瑕疵。在出现问题时，只有坚持公开透明、自律监督，才能在用户心目中留下一席之地。相反，隐瞒事实、遮掩真相只会越描越黑，从而丧失公众的信任。

人非圣贤，孰能无过？

"韦编三绝"说的是孔子晚年学《周易》，反反复复不知读了多少遍，把编竹简的熟牛皮绳都磨断了三次。子曰："加我数年，五十以学易，可以无大过矣。"孔子一生都在"克己复礼"，从不讳言自己的过错，甚至觉得学了《周易》也只能保证不犯大错误。"过而不改，是谓过矣""过则勿惮改"，在孔子看来，不怕犯了过错，就怕不知改正。

人非圣贤，孰能无过？承认错误并不是自卑，也不是自弃，而是一种诚实的态度；改正过失则是破除迷执，回归正本的智慧。佛法也常说，"苦海无边，回头是岸"；《菜根谭·概论》言，"弥天的罪过，当不得一个悔字"。《心经》曰："远离颠倒梦想，究竟涅槃。"当我们改掉一条过失，光明就能够透出一分；把所有的过失全改了，光明就完全显现了。

在信任这件事情上，"过而改之"至关重要，不仅能让人对你刮目相看，甚至还能力挽狂澜，重拾他人对你的信任。有人曾问我，犯过一些错误该怎么办？我想能意识到自己犯错，其实就已经开始觉醒，人生不怕犯错，只要发自内心去忏悔、去改过，只要愿意将功补过，未来路上的障碍就会越来越少。一个人的主观意识很难改变，就像将石头扔进大海里一样，再想找出来是一件很难的事情，所以凡事要三思而后行，一定要明白事理，否则一步错步步错，等到想要悔改的时候，可能已经没有机会，只能留下遗憾。

实际上，每个人在成长过程中都会受到各种各样的影响。家庭环境、学校教育、社会风气等都有可能影响人的健康成长。我从小就是一个积极向上的人，不会因闲言碎语而否定别人，也不会因艰难困苦而自暴自弃。但随着不断成长，接触的人、事、物越来越多，面临的诱惑越来越大，我的心也受到影响，随物而"转"。在20世纪90年代，我与朋友吃饭、逛街、做美容，一天就可以花费一万元，这是一种不健康的生活方式。当年的我错得离谱，但"过而能改，善莫大焉"，经过多年的生活历练，我早已改掉不良的习惯，不再随意地挥霍钱财，而是尽己所能帮助更多的人。

在人生的道路上，每个人都会犯错，而如何对待错误至关重要。就以爬山走错路为例，有些人意识不到错误，或者意识到错误却不愿回头，一条路走到黑；有些人意识到错误后立刻调头，尽管耗费时间但终能找到出路。所以生而为人，最可怕的不是犯错误，而是知错却不悔改，使自己的路越走越窄、越走越难。相反，如果能正视问题、积极改正，把"心"归向正道，明了真理，人生将会更加自在幸福。

　　还有一些人害怕犯错，因此干脆什么都不敢去做、不愿去做，这无疑是不可取的。我们一定要知道：什么都不做确实不会出错，但这样只会原地踏步甚至被社会淘汰；做得越多可能遇到的问题就会越多，但反思了、改进了就一定会收获更多。请记住，不管遇到什么样的人，经历什么样的事，身处什么样的境地，一定要保持清醒，知道哪些事情可以做，哪些事情不应该做。说实在的，一个曾经犯过错的人，若能改过自新、重新做人，是极为难能可贵的。因为从善良到邪恶的过程，必定是由多种因素累积而成的，想要逆反这个过程，必须付出加倍的努力。

　　现实中，还有某些人总是绞尽脑汁、不择手段地攫取财富，最后不得善终。这也是我常说的"德不配位，必有灾殃"，他们忘了财富需要德行来承载。一个人失去了德行品性，就如同失去了前行方向，总有一天会"摔倒"。或许有人会说，人生十有八九不如意，"摔倒"是很正常的事情。实际上，"摔倒"就是提醒你反省自己、改正错误。因为人是有形的存在，既有烦忧悲伤苦的情绪，也有贪嗔痴邪淫的欲望。有些人放纵欲望，做了损人利己、损公肥私的事情，即使他们当下富足安逸，将来有一天也会被清算，毕竟"欠债偿还，天经地义"，没有谁能躲得过因果报应。所以我们要明白，"今朝有酒今朝醉，明日愁来明日忧"，并非随性和洒脱，而是对未来的不负责任。

　　当然，我们不能因自己犯错而放弃自己，也不能因他人犯错而

歧视他人。实际上，人生就是一个不断觉醒、不断成长的过程。在这个过程中，既要做到"行有不得，反求诸己"，也要做到包容他人、鼓励他人，敦促自己帮助他人成为一个有德行的人。《道德经》曰："人之不善，何弃之有？"老子认为世人在"道"面前一律平等，"道"具有无限包容性，从不嫌弃有过之人；同时，有过之人也必须体道、悟道，用心去领会道的真谛，才能改过自新，走上正道。

人各有其长，亦各有其短。我在公司管理中，一直都以包容和教育为主，并鼓励员工不要怕犯错，要多做尝试，突破自我，才能取得更大的成绩。公司能有如此的成就，也是与这一点分不开的。在马氏，有一件事是不被允许的，那就是抽烟，不仅是在办公室，即便在楼道抽烟也不符合规定，所以许多刚来马氏的员工都会面临

"戒烟的挑战"。其实许多人都有戒烟的想法，只是缺乏勇气和环境的配合，马氏的这种文化就为他们提供了条件。

"戒生定，定生慧"，戒烟难不难？说难也难，说容易也容易。有人把它当成一场修行，坚定心性，内求自省，每天都进步一点点，自然而然就戒掉了，我们公司文化中心的龙导就是如此。他在一篇文章中写道：如果没有来马氏上班，我不会把烟戒得这么彻底，是公司每天的晨会告诉我怎么做一个有质量、有追求、能持戒的人，是"连烟都戒不了我们又怎么去经营好自己的人生、怎么拥有智慧"的话语鞭策了我。我知道有很多同事和我一样，来到公司之后都把烟戒了。戒烟的过程中，我真正体会到了"戒生定，定生慧"的快乐，所以我买了一个刻有"八戒"两个字的杯子放在我办公桌上，我天天看着它时都在想如何"戒"，不只戒烟，太多毛病都要全部一一戒掉。

要知道，人的心性都需要经过事情的磨砺。历事炼心，人生遇到的任何人和事都是在打磨你。对于一家公司来说也是如此，只要公司在发展，就一定会经历风浪。这个时候就是检验大家的时候，有人越挫越勇，有人临阵退缩，在一次次大浪的冲洗下，真正的人才涌现出来。只有这样的人坚守在一起，才能凝聚力量，推动公司的发展与创新。

人最难做到的就是战胜自己、超越自己，尤其在善与恶、好与坏相互抗衡的环境中。但一定要记住，善恶有报，不是不报，时候未到。因此，当我们意识到自己犯错的时候，要诚心忏悔、虔心改正，千万不要不知悔改、一错再错。有过之人诚心悔过，改正错误；面对有过之人平和谦逊，宽容有加，都是按照"道"的标准去做人行事，都具有高尚的人格魅力，都能收获货真价实的信任，得到世人的尊敬。

逆水行舟，不进则退

在这个百年未有之大变局的时代，我们每个人都有幸成为中华民族伟大复兴的见证者。凤凰涅槃，开拓创新，积极进取，从"大国"到"强国"的征程中，中国人从未停下发明创造的脚步。我看到一则新闻，称华为 2021 年研发投入居全球第二，近十年累计投入的研发费用已超过 8450 亿元。

在中国企业中，华为算是佼佼者，这与创始人任正非先生的智慧和人格魅力息息相关。他广纳人才，居安思危，坚持每年将 10%以上的销售收入用于研发，华为拥有的知识产权数量在国际上也是名列前茅的。他曾说："任何一个人要不被时代所淘汰，唯一的办法就是学习、学习、再学习，实践、实践、再实践，取长补短，否则你一定会被淘汰。"作为一个不断学习、不断成长的企业，华为在残酷的国际竞争中活了下来，也赢得了消费者的尊敬和信任。

这个道理，当然不局限于一家企业或一个组织，它适用于每一个人。只有保持谦卑的心态，不断追求进步，增进自己的德行，增强自己的能力，才能在获取信任的道路上走得长远。

在《论语》中"学"字出现了65次，谈论"为学"的章节达100多篇，《论语》开篇第一句话就讲"学而时习之，不亦乐乎？"孔子自己更是"活到老，学到老"的典范。老子也说："上善若水"，因为水有七种德行，居善地、心善渊、与善仁、言善信、正善治、事善能、动善时，人的一生就是不断学习的过程，修行领悟，成就人生至善。

所以人生不能浑浑噩噩地度过，我们要常常思考三个问题：我从哪里来？我来做什么？我要去到哪里？保持思考的能力，坚持不断学习，人生才会向好的方向发展。

就像从来没有人教过我写书、写歌或者管理企业，但我依然能够胜任，并且小有成就。这是因为我从小就热爱读书，几乎无时无刻不在阅读，长大后我也一直保持着这个好习惯，就算是出差也必须随身携带一本书。

还记得我第一次美国之行，是从香港飞肯尼迪机场，整整16个小时的航程。一上飞机坐好，我就拿出一本关于弘一法师李叔同的书开始阅读，很快就入了迷，并自动屏蔽了广播和身边的声响，连飞机什么时候起飞的都不知道。等到空姐过来问我需不需要送餐时，才将我拉回了现实，我微笑着对她说"给我一杯水就行"。此时我抬起头环顾四周，才知飞机已在高空中，头等舱的环境非常安静，我又低下头继续阅读。

弘一法师的前半生过得轰轰烈烈，青年时是一个进出名利场、潇洒无羁的风流才子。出家之后，他放下尘世的一切，过着常人难以想象的清苦生活，身体力行地参悟人生，终成一代空门高僧。他的一生，可谓是"一念放下，万般从容"，也为我们留下了许多经典名言。关于人与人之间交往的真谛，"以恕己之心恕人，则全交。以责人之心责己，则寡过"，关于如何坚守自己的本心，"不为外物所动之谓静，不为外物所实之谓虚"，读到情深处，我不禁拿出笔，在纸上写下了自己的所感所想。

对于别人而言，长途飞行看看书，可能就是随手翻阅、消磨时间，但我则不同。在平时，我很少有这么集中、大段的空闲时间用来阅读，所以我倍感珍惜，不仅看书，还要写下满满的读书笔记。我从来不会白白地浪费时间，所思所想也会随时记下来，日积月累，厚积薄发。

我本人是中华传统文化的忠实拥趸，从儿时看过的《增广贤文》开始，我一直求知若渴地学习传统文化，并在《道德经》中找到了人生的真理。《道德经》赋予我智慧和力量，利用传统文化智慧经营现代企业，打造讲道德、讲诚信的企业，即"以德治企"。在长达4000多天的日子里，我们每天晨会诵读《道德经》，可谓是常读常新，醍醐灌顶，每次都有新的体悟。

对于公司的员工，我也一直强调学习的重要性，因为只有付出比别人更多的努力，珍惜每一分每一秒，认认真真做事，踏踏实实做人，才能收获更好的人生。

小龙是一个来自东北的"80后"，只有高中学历，在广东打拼了十几年。2013年，他来到了马氏，进入市场部做销售工作。当时，公司办公室只有100平方米左右，员工二十几人，大家每天9点准时开晨会，诵读《道德经》，聆听分享。他觉得晨会所分享的内容称得上是人生中最宝贵的财富，能在这个年龄听到这种智慧真的是无比幸福。

日复一日，小龙进步非常快，也懂得了很多为人处事的道理。他凭借以往的工作经验当上了团队组长，每天带领组员到外面参加各类活动，作为一名优秀的市场部人员，他知道每天该做什么、该思考什么。

来到马氏后，小龙明白了一个道理，那就是因果之间的必然联系——你成就了公司，公司必然会成就你。在这个平台上获得多少价值，完全取决于你的付出和努力。因为努力了不一定有收获，但是不努力就永远不会有收获，所以工作态度决定了你的未来。小龙每天都在思索、感恩中不断前进，因为他坚信马氏就是他实现人生价值的那个平台。在公司的一场沙龙活动中，共来了40多位嘉宾，其中有23位是小龙一人邀请来的。

在马氏的这些年，伴随着公司的高速发展，小龙的人生发生了

翻天覆地的变化，现在房子买了、车子买了，孩子也来到深圳上学了……如今，他和家人都在马氏工作。在一篇文章中，他写道："受益的不仅仅是信任公司的投资人，其实更大的受益人应该是我们这些公司员工。因为在马氏这个平台，我们每天都能得到智慧的提升和财富的增长。"

正是因为有这么多像小龙这样的员工，以"天行健，君子以自强不息；地势坤，君子以厚德载物"的精神激励自己，始终保持精进的学习态度，马氏才能如此迅速地发展，一步一个脚印地迈向国际化、迈向更美好的未来。

我曾经下过决心：直到九十岁，我仍然会穿着高跟鞋，精神饱满地站在台前，与大家分享我的人生感悟、经验智慧。因此，无论日常工作有多忙，我都会利用好休息时间，领悟新智慧、学习新内容，希望与大家共同进步和成长。对我来说，这是一种由心而发的信念，是一件自然而然的事情。心念力是一种强大的力量，能够帮助我们心想事成，助力我们抵达梦想彼岸。

人生之路，就如同逆水行舟，不进则退。如果不能坚持学习精进，或者选择原地踏步，也就意味着不断退步。其实，只要一个人足够用心，无论在什么场合、时间，遇到什么样的人，都能够从中学到东西。比如我喜欢唱歌放松心情，不仅能够学会新的歌曲，还能从中学到更好的表达技巧和方式。

作为一家公司的创始人和领导者，我一直带着团队不断进取、不断创新，拓展公司的商业版图，走向世界。如今，后疫情时代网络虚拟现实大流行，人工智能、区块链、大数据、云计算、物联网、元宇宙等蓬勃兴起，令人眼花缭乱，企业的经营也面临越来越大的挑战。事物的发展规律万变不离其宗，我们只有顺势而为，学以致用，知行合一，才能与时俱进，赢得消费者的信任，在企业竞争中立于不败之地。

面对逆境的勇气

　　人的一生不可能一帆风顺。古人云："人生不如意事十之八九。"烦恼和痛苦总会在不经意间找上门，扰乱我们的生活，甚至使我们陷入困境，对生活失去信心。这种境况的发生就如同日升日落、风云变幻一样正常，因为世界的本质就是"变化"，而变化当然有好有坏，我们所要做的就是以一颗"平常心"来看待。

　　《道德经》曰："飘风不终朝，骤雨不终日。"风再大、雨再急也是暂时的，一切终会复归平静。老子用简单明了的话语告诉我们一个深邃的哲理——天地之威尚不能长久，何况人为造就的困难？所以当你身处逆境时，一定要心向阳光，相信一切都会过去，这是道，也是事物运行的规律。

　　人不经历磨炼永远脑袋空空，无法展示其睿智和光芒。磨炼其实是成长的过程，越磨炼，往往成就越大。《史记》记载："盖西伯拘而演《周易》；仲尼厄而作《春秋》；屈原放逐，乃赋《离骚》；左丘失明，厥有《国语》。"历史上这样的例子不胜枚举，他们面对逆境展现出来的勇气，赢得了世人的钦佩。

有一个很普遍的现象：很多人小时候都有一股"无知者无畏"的劲头，不怕困难，不怕失败，不缺从头再来的勇气。但随着年龄渐长，这股劲头荡然无存，取而代之的是对困难、失败以及未知事物的恐惧。

记得我小时候有一次爬上自家的房梁，从房梁上跳下来，导致鼻子受伤并留疤。那时候并没有意识到危险，反而觉得特别刺激，但现在回想起来都觉得后怕，内心不止一次问自己：当时怎么会有这么大胆的想法和行为呢？其实答案很简单，是因为"自信"，相信自己能够完成这样的挑战。试问一下，我们之所以畏惧困难、害怕失败，是不是因为怕自己没有能力解决困难，是不是因为怕自己失败之后再也不能成功？事情的关键在于，很多人都缺乏正确认知自我的能力，没有树立起自信心，困在了自己设定的思维障碍里。

回顾人的一生，从父母的结合，到胚胎的着床孕育，再到婴儿的出生落地，孩童时期的成长发育，以及成年后的成家立业……

困难无处不在、无时不有，我们只能接受这一次又一次的挑战。正所谓"穷有穷的苦，富有富的难"，哪怕那些已经站在成功之巅的人，同样也要面对各种各样的挑战。在这个过程中，有些人越战越勇，哪怕失败也无所畏惧；有些人则越战越弱，宁愿逃避也不愿奋力回击。

所以，无论遇到什么困难，"逃避"是最不可取的。要知道，困难绝不会消失，只会随着时间推移越积越多，直至演变成磨难，甚至灭顶之灾。只有勇敢迎接困难，并寻找正确的方法解决它，才是最好的反击方法。

那么，我们该如何解决困难，毫无畏惧地面对人生中的逆境呢？我认为学习是最重要的。一是向良师益友学习，"三人行，必有我师焉"，每个人都有优缺点，择善择优而从之，非善非优则反观内照，无则加勉，有则改之。二是学习书本的智慧，读自己该读的书，读积极向上的书，读传统经典。经典有很多，但不是每一本都适合自己，所以我建议大家，选择几本适合自己的书，读通、读懂、读透，慢慢拓宽和提升自己的思想境界，自然而然就能找到解决问题的正确方法。

此外就是我常说的，心态决定命运。要懂得"怕"是人的致命缺点，怕困难，就会选择逃避困难，最终被困难打败。当我女儿遇到困难来向我寻求帮助时，我会跟她说："如果我帮助了你，那就是我解决了这个困难，而不是你自己解决，这样对你自己没有任何意义。"由此，她也意识到自己解决困难的重要性，现在无论遇到什么困难，她都不会来找我，而是靠自己的努力去面对。

对于企业而言也是如此，没有哪一家企业的发展能够一直顺风顺水，焦虑、沮丧、抱怨、逃避等都不是解决问题的方法，企业领导者一定要有带领团队勇往直前的魄力，在困难面前永不低头。更为重要的是，一定要把遇到的困难摊开来讲，展示出敢于解决问题的态度，只有这样才能在团队中赢得信任、赢得支持。这个过程是艰难的，需要勇气、觉悟和韧性，还需要传达出乐观的态度。如果采取讳疾忌医、粉饰太平的做法，事情最终会失控。

2017年，我组建了一家影业公司，开启了进军影业板块的步伐。我们计划通过制作优秀的电影作品，传递中华优秀传统文化，进而影响世界，所以公司把第一站目标定为好莱坞，并开始了大手笔的投入，组建团队，落户北京繁华地带，筹备办公场地。然而，风风火火忙了两年以后，影业公司却一直未能拿出一个令我满意的作品，公司经营也陷入了困境。

其实，影业公司存在的最大问题是高管团队，即当时的总经理A来自国内某知名乐队组合的营销团队。事实证明，他虽有才华，但还不足以胜任总经理这个职位。作为团队管理者，他的发心一定要正确，第一要为公司着想，第二要为团队着想。这两点他都没做到；在产品打造、渠道拓展、现金流经营方面也缺乏经验。在这样的情况下，虽然我一向主张给予下属最大的信任，也会给予下属尝试的机会，但最终我还是不得不请他离开了公司。后来裔锦声博士加入的同时，也带来了好莱坞最好的编剧和导演资源，并很快引荐

了知名电影《小鬼当家》的编剧，创作出影业公司第一个电影作品。再后来，影业公司通过从内部提拔和外部引进更专业的人才等方式，找到适合自己的商业模式，终于走上了发展的快速路。

回想起来，作为公司的创始人，我引进过许多人才，也不得不亲手淘汰一些人，原因是他们确实无法跟上公司发展的脚步。这也是我所面临的困境，因为人才本身就不易得，半途而废就更可惜了。

但纵然如此，作为管理者必须"怀菩萨心肠，行霹雳手段"，对于团队中不合格的员工，只有果断放弃，才是为整个团队着想。

马氏一路走来，有阳光灿烂的时候，也有风雨交加的时候，但在这个过程当中真正受益最大的（这种受益，不单单指物质层面，更包括精神层面），恰恰是那些抓住机遇、敢于挑战的人。他们在阳光灿烂的时候紧紧跟随，在风雨交加的时候勇于拼搏，这就是我们所倡导的英雄主义精神，这种精神不单单是在战争年代，在当下也可以体现出来。

巴尔扎克说："苦难对于天才是一块垫脚石，对于能干的人是一笔财富，对弱者是一个万丈深渊。"所以命运的好坏不在于人生道路上顺与逆的比例，而在于对待各种境遇尤其是艰难困苦的态度。真正的智者，拥有直面逆境的勇气，怀抱必胜的决心，在逆境中时刻修炼自己。"事善能，动善时"，相信自己，也相信万事万物，积蓄力量，等待一飞冲天的那一天。

达成共识

华夏文明上下五千年，虽然历经劫难，却仍然绵延不绝，一脉相承，这源于我们对自身传统文化的认同。甚至有西方学者认为，中国其实是一个"伪装"成国家的文明，上至统治者，下至广大人民，都沐浴在同一个古老文明的光辉之下，发挥出巨大的凝聚力，让这个伟大文明长盛不衰。

如今，社会日益纷繁复杂，时代更加变幻动荡，但我们依然拥有同一个目标——共同奋斗，实现中华民族伟大复兴的中国梦。我们比历史上任何时期都更有信心，也更有能力实现这个远大的目标。这种认同和自信，其实就是"达成共识"所带来的力量。

社会运行，企业管理，生意合作，家庭相处，都需要达成共识在先，才能"周行而不殆"在后。达成共识，意味着拥有共同的价值观，或是拥有共同的利益，并各自承担自己的角色和责任。如果忽略了这一步，事情将会偏离原有的轨道，使结果似是而非，甚至南辕北辙。没有共识，则各自为政，互相猜忌，时间、精力都浪费在内耗上。有了共识，才能彼此信任，携手并进。

打造一个出色的组织，最重要的一个前提就是在远景目标、价值观上达成共识，把所有人的目标凝聚到一个点上。对一个管理者来说，达成共识的过程，就是一次与团队共同成长的过程，有了这个完整的过程，结果就是自然而然的事情了。

马氏从创立之初就有晨会制度，并且十几年如一日，4000多天不曾中断。正是通过晨会制度，我们培养了非凡的默契与战斗力，并将企业文化融入了实践，取得了战无不胜的业绩。多年以来我们不断传播文化，这是企业发展的根本，只有每个人都受到文化的熏陶，做到自觉自律，企业才有可能无为而治。

很多人看不明白我们的晨会，认为晨读经典、聆听分享是在浪费时间，所以有人因晨会而离开马氏；也有很多人惊叹于晨会的内容，并在晨会中受益良多，所以有人因晨会而加入马氏。人生本就是不断学习与成长的过程，做任何事情都要持之以恒，如昼夜交替一样永不停息。这是对道法自然的遵从与效仿，独立而不改，周行而不殆。倘若能够以宁静、谦卑的心持之以恒地参加晨会，就会慢慢成熟，当真正成熟的时候，就会像麦穗一样弯下身姿。因为有了厚重的分量，所以自然地放低了自己，真正懂得如何谦逊低调地做人做事。

我在招贤纳士的时候，一定会强调公司的晨会制度，只有真正融入公司的企业文化，才可能长久安定。我也不会聘用频繁跳槽的人，哪怕你再有能力，因为从随意更换岗位就可以看出一个人的浮躁，总是寻找新鲜感的人不仅没有定力，而且缺失责任心，做事也不可能精益求精，很难把事情做得出色。

在商业合作中，达成共识更是至关重要的，这不仅考验企业是否有共赢的理念，也要看双方的理想是否契合。在马氏的以往业绩中，就有这样"一份来之不易的协议"，是源自双方高度契合的思想共识。

那是 2018 年 6 月，我应邀参加"硅谷龙"纽约峰会和世界著名基金小镇格林威治举行的"金融投资论坛"，开启了第三次美国之行。对于小镇格林威治的印象，我在《秋言物语Ⅱ》第 46 章"那一抹中国红"中写道：享誉全球的格林威治基金小镇坐落于海岸边，环境非常优美。走在格林威治的大街上，处处像森林公园一样，美丽幽静，树木林立，安静整洁。

但就是这样一个小镇，却是全球对冲基金的"大本营"，集中了超过 500 家对冲基金公司，管理着数千亿美元的资产，其基金规模一度占全美的 1/3。带着取经的目的，也为了传播中国优秀传统文化，我在"金融投资论坛"发表演讲时，为在场嘉宾阐述了马氏的发展之路，以及"《道德经》也能够变成生产力"的观点。最后我总结道："中国是热爱和平的国家。作为一名中国女性，我有让这个世界变得更和平、更美好的梦想。我希望我们纽约分公司能成为中美友谊的桥梁，而我也将与各位一起，让世界变得更加美好。"

我的演讲感染了现场的每一位朋友，其中就包括布鲁斯·麦克奎尔——格林威治对冲基金协会创始人兼董事长。格林威治对冲基金协会成立于 2004 年，经过十几年的发展，已经拥有 3500 名协会成员，创始人布鲁斯则是华尔街金融行业精英，曾在顶级金融公司高盛集团创立了第一支高盛共同基金。

在我的演讲中，马氏以中国智慧治理企业的理念，给布鲁斯留下了深刻的印象，因为他本身就是中国文化的爱好者。他对于我坚定地传播中国优秀传统文化的行为非常赞赏。在随后的交流中，我们就双方如何互相学习和合作达成了高度一致的共识，布鲁斯诚挚地邀请马氏加入格林威治对冲基金协会。

三天后，在格林威治海边，我们举办了签约仪式，郑重签订了合作协议。这意味着马氏成为格林威治对冲基金协会的"2018 年成分股"，是该协会唯一的中国企业成员。布鲁斯·麦克奎尔说："马氏全新的投资模式有着巨大的潜力，不仅在资产管理上拥有高超水平和独创方法，旗下还有超强管理团队，而且在市场上取得了超高收益率，这一切都充分说明马氏的实力，完全有资格加入'全球对冲基金朋友圈',贡献中国智慧,共同推动行业发展。"

为什么我要说这次合作来之不易?因为中国金融企业"走出去"并不容易,特别是在中美之间存在分歧、中国企业备受打压的时候,更是如此。马氏之所以能够顶住压力,成功吸引世界水准的对冲基金协会的目光,并将之纳入我们的朋友圈,就是得益于我们一直以来所坚持的中国智慧。"天道酬勤""厚德载物",独特的东方思想,为美国同行带去了崭新的视角,也让双方意识到共同的梦想——和平与发展才是未来的发展趋势,也是人心所向。

古话说:"相知无远近,万里尚为邻。"有了共识,才能谈共建,并一直伴随在通往成功的道路上。"众人拾柴火焰高",大家围绕同一个目标,坚持不懈、共同努力才能取得成功。要知道,一个人的成功不是真的成功,众人一起成功才是核心价值的体现。

需要注意的是,达成共识并不容易。《易经·系辞》曰:"仁者见仁,智者见智。"每个人的看法都受到个人智慧的限制,一叶障目、以偏概全的情形可谓司空见惯,唯有以开放的胸怀、包容的心态,才能成就自己,也成就别人。

做命运的主人

　　关于命运这件事，许多人觉得虚无缥缈、不可捉摸，甚至认为"命由天定"，遇到挫折只会怨天尤人，选择放弃。这种做法当然大错特错，在我看来人的命运是可以改变的，所谓"命自我立，福自己求"，前提是自己要有觉知和改变的能力。

　　做人一定要明白两个道理：一是"福祸无门，惟人自召"，二是"积善之家必有余庆，积不善之家必有余殃"。首先，起心动念做一个有善心、有爱心、有道德的人，不仅要爱自己的家人，也要关爱、关心周围所有的人；其次，把自己的发心付诸行动，做无我利他的事情，全心全意为人民服务。总的来说，就是要担负起来到这个世上应尽的责任。

　　生而为人，我们承担各种各样的责任，小至家庭，大至社会和国家，同时我们也要对自己的人生负责。一个独立自主、自力更生的人，总是能越过一道道人生障碍，把命运牢牢掌握在自己的手中。

有些人始终不明白，自己来到人世间是干什么的，于是稀里糊涂地活着，不知不觉荒废了有限的人生；还有些人任由欲望牵引，总是计较个人得失，与别人比较高低，比上不足时往往责怪别人不友好，责怪外部环境不如意，最终落入怨天尤人的怪圈。

对此，我们一定要明白，人来到人世间是为了做好人、做好事。所以，每个人都必须学会认清自己在不同阶段和不同环境中所扮演的角色，积极主动地承担起自己应尽的责任。比如作为子女，要孝敬父母、团结兄弟姐妹；作为父母，要树立好榜样，引导和教育孩子健康成长；作为员工，要爱企如家、爱岗敬业，做好自己的本职工作，为企业创造更大的价值……我认为，生活的多姿多彩，是靠自己主动创造出来的。对于生活，可以追求平凡但一定不能平庸，找到自己的兴趣爱好，拥有自己的社交圈子，只有这样才能用不同色彩点缀生活；对于工作，不必强求升职加薪但绝不能没有进步，通过学习和锻炼不断提升自身能力，一步步向上攀登，只有这样才能开阔眼界、拓展思维、打开格局。

相信许多人都会有这样的体会：当你承担起更多的责任，你就能赢得更多的信任，这些信任又会让你感到肩上好像有沉甸甸的担子，成为你获得更大成就的动力。

经常有朋友问我，"你是怎么做到没日没夜地拼搏，还能这么精

神饱满、神采飞扬的？"其实我的睡眠质量一向很好，平时无论什么时间睡觉，都能一觉睡到天亮，很少有中途醒来的情况。当然也有很多时候熬夜加班、学习，或者通宵与国外团队沟通项目，但次日也不会有人看出来我没睡或者睡得少，因为我总是精神抖擞地出现在大家面前。

这是因为我是一个非常有使命感和责任感的人，清楚自己肩负着公司发展、员工成长，以及保障股东、客户利益的重任，所以我时刻提醒、鞭策自己不断奔跑，绝不允许自己停下前进的脚步。哪怕因处理公务一整晚都没睡，我也不会随意推迟或取消第二天的工作。要知道，我们的心态是影响事物发展的关键因素，清楚且坚定地完成自己的使命，才能让人生更加有价值和有意义。无论是生活还是工作，我对自己的要求首先都是保持精神饱满，哪怕工作很多、睡眠不足，也要全神贯注于当下的事情。慢慢地发现内心越专注，就越能又好又快地完成工作，进而拥有更多的休息时间。由此可见，把自己的心管理好，生活和工作自然也会越来越好；让自己的心充实饱满，生活也会更加阳光明媚。

我们经常可以看到，真正拼搏的人常常更加努力，他们牺牲了很多个人休息时间，全心全意投入所追求的梦想和事业中。在我看来，这些人都有一颗无我利他的心，深刻地知道自己的责任所在，所以能够忘我、大公无私地为梦想和事业奋斗不止。俗话说能力越大，责任就越大。《道德经》曰："受国之垢，是谓社稷主；受国不祥，是为天下王。"我在公司提拔员工时，往往也会看这个人是不是能主动承担更多责任，这意味着他不仅有能力，而且有德行，值得我报以信任。所以有许多事情，不是等你成功之后才去做，而是做了才会成功。

一个负责任的人，还敢于承认错误、承担后果，将"行有不得，反求诸己"的体悟转化为行动。以前上学的时候老师就经常教导我们，要敢于承认错误，其实这就是一种负责任的表现，能赢得人们的尊重，获得人们的信任。相反，一个善于推卸责任的人，不仅丢掉了诚信，也丢掉了掌握命运的钥匙。

我们要知道，有责任感、使命感的人，往往能感召更多的好人好事。就像我有一次去北京出差，收获了超过预期的好结果，原因就在于我一直以推动公司发展为使命，所以才能结识意料之外的善缘，收获意料之外的善果。但有些人明知而不为，死守着一份工资，得过且过、毫无贡献，哪里有丝毫的责任感和使命感呢？还有些人，做成了一些事情，收获了一些成绩，就觉得自己完成了使命，倍感自豪甚至骄傲。殊不知能力只是成功的条件，德行才是成功的根本，哪怕自己承担着重任，肩负着神圣使命，也不能骄傲自满，要保持谦卑心态，因为"一花一世界"，任何人的成功都离不开其他人、事、物的支撑。

有时会听到一些人说，"我是上天派来的""我是自带天命的"，这些都是虚妄的话语。正因为他们没有真正活明白，所以才需要用浮夸的口号来填补内心。我从不夸大自己的责任感和使命感，因为我知道，把自己的工作做好，把每天的"秋言物语"直播做好，就是我最应该完成的使命。所以承担责任一定需要有坚实的行动，而不是浮华的空谈。要学会认识自己，不要盲目地自恃清高，也不要有非分之想，要知道行动一步远比空谈千言万语实用得多。

实际上，责任感和使命感并没有那么高深莫测，做一个好人，以善的起心动念支配言行，说让人能够接受的话，把想法落实到行动中，全心全意过好每一天，做好当下点点滴滴，就已经尽了本职、担了使命。比如在集团里，做好本职工作，推动集团发展，让更多的人获利，就是集团每一个人的责任和使命。

心中无私，肩负责任和使命，能让我们的意志坚定，相反贪欲和自私只会让人迷失自我，就算责任和使命近在眼前，也无法入心、入眼，久而久之，矛盾越积越多，人生越过越不顺，最终一事无成。要知道，"行善有道，自有福报"，当明白这个道理并为之付诸行动时，命运也就掌握在自己的手中，内心追求的幸福生活也一定会实现！

用心去聆听

生活里，各种各样的声响从四面八方传入我们的耳朵，但有多少时刻，你能停下脚步，静下心来，侧耳倾听呢？

我喜欢在夜深人静的时候，站在阳台上，面对静谧繁华的都市，闭眼聆听，也与自己的心灵展开对话。那里有风吹过树梢的声音，有夏夜里响亮的虫鸣，有晚归人的脚步声，偶尔还能听到飞机划过夜空的声音。我的思维也逐渐清晰起来，进入一种澄明入定的状态，感觉思想也得到了升华。

思想家伏尔泰说过，耳朵是通向心灵的路。善于倾听爱人的诉说和想法，婚姻一定会幸福；善于倾听他人的想法和建议，事业一定会有所成就。学会倾听，是一个人的修养，是与人沟通的最高境界，也是通往人生成功的阶梯。

真诚的双眼、适时的鼓励，便能给予诉说的人最大的信心。在人们意兴盎然的时候，微笑着倾听，恰如其分地赞美他；在人们惆怅彷徨的时候，促膝聆听，用关怀和鼓励化解失意。此时人和人之间的温情，倾心的付出，绘就一幅美好和谐的画面，信任也在此时此刻诞生。

历史上，倾听别人的意见和建议，从而取得成功的例子多如繁星。齐桓公对管仲言听计从，齐国大治，成为春秋首霸；唐太宗李世民广开言路，多次听取魏征的劝谏，是大唐兴盛的基础；日本"经营之神"松下幸之助曾说："经营的诀窍，首先在于细心倾听他人的意见。"

如果说一个能说会道的人比较容易受欢迎，那么一个善于倾听的人则能真正深得人心。话太多难免有言过其实之嫌，或者给人夸夸其谈的感觉，静心倾听就没有这些弊病，倒有兼听则明的好处。用心听，给人的印象是谦卑好学，是专心稳重、诚实可靠。有时候，用耳朵听比用嘴说更能赢得他人的认可和赞誉。

我上学时，老师常常讲一句话："满罐水摇不响，半灌水响叮当"。真正有本事、有能力的人都十分谦卑，因为他们内心充足，精神富裕，不会刻意去彰显自我；越是没有真本事的人，越是喜欢人前人后夸夸其谈，鼓吹自己。很多人不懂得谦卑和感恩，只是活在自我的世界里，这是不可取的。我们欣赏有傲骨的人，却不欣赏有傲气的人。"人不可有傲气，但不可无傲骨"流传至今，却仍然有很多人弄不清二者的区别，这是属于认知的问题。当我们的认知出现偏差的时候，行为就会出现偏差，并带来不良后果。

我常跟大家开玩笑说，喜欢听"秋言物语"的人，一定是很有思想的人。其实这是有一定道理的，因为坚持听我分享，就是在坚持学习、坚持思考，久而久之，胸怀、格局就会变大。每天我以不同的方式、不同的语言、不同的角度、不同的事例与大家分享，其实都是万变不离其宗的道理，都是围绕着真理在讲。我反复提及正确的认知能力，希望大家对自己、对人事物都能有正确的认知，其实就源于一颗觉悟的心。什么样的信息对我们的成长有推动作用，什么样的信息让我们颓废堕落甚至影响一生的命运，只有随时保持觉悟的心才能清晰明辨。

一个善于倾听的人无疑是一个懂得学习的人，人生在世必须要有向上之心，不能停下学习的脚步。在我过往的人生中，从铁道部，到中医美容，再到企业，从未停止学习相关知识，力求做到精益求精。因为我知道，只有真正地了解所在领域，才能与同领域的人开展深入交流与合作。在交流的过程中，我从不怯场、淡定自若，就算遇到不懂的事，也能通过聆听予以了解。所以，只有不断学习才能创新应用，只有实践应用才能辨别好坏，只有懂得辨别才能收获经验。还要记住，即使别人给予自己好的评价，也要时刻保持谦虚谨慎之心，把其作为成长与进步的动力。

俗话说，善听者智。倾听他人的声音，是一种沟通，也是一种尊重；而倾听自己的声音，则是一种反思，也是一种激发。每个人的内心都住着另一个自己，我们在四处奔走的征程中，都要停一停

脚步，静静聆听自己的内心，等待自己落下的灵魂。问问自己：你有没有因为旁物而误入歧途？时时反省聆听，才能提升自己，成就自己。有时候，人需要把自己当成一件艺术品，鉴别和欣赏的人很多，其水平也参差不齐，他们会给出各种各样的评价，有人爱不释手，也有人指手画脚，我们只需要静心聆听，虚心接受，始终保持从容淡定，不受外界干扰。人生不是一成不变的，思想在变，品位在变，不同阶段、不同层次有着不同的审美情趣。

对于企业来说，在一个产品推出之前，如果不经过市场调研，不事先了解消费者的喜好，以及市场环境、竞争对手的情况等，那就如同一只失去方向的船，无法想象它会在什么时候靠岸。一位成功的企业家一定也是一个优秀的听众，在倾听的同时更好地理解对方，更充分地表达自己。

这也是公司后来专设信息部门的原因。这个信息部门并不是管理 IT 的部门，而是一个专注于收集信息、考察调研的部门，相当于公司内部的"咨询公司"。针对公司的每一次合作，信息部门都会进行细致的调研，这家公司的资质如何？它的业务情况怎样？它的财务、法务和背景过不过关？现代社会，信息更加庞杂，各种骗子公司大行其道，这种合作前的调研可以说是必不可少的。也正是有了信息部门的前期深入调研，公司才能对合作伙伴进行客观的评估，最大限度避免损失和风险，让每一次合作都有良好的开始。

孔子说，"三人行，必有我师焉。"自顾自地说话，不顾及别人的感受，既浪费精力，又落个"话匣子"之嫌，并且因为没有给别人说话的机会，也无法从别人身上学到更多的东西。许多阅历尚浅的年轻人，不懂得放低自己，自负而又高傲。我们看田地里的麦穗、向日葵，生长时期欣欣向荣，等到真正成熟的时候都是低垂向下的，人也是一样的，真正成熟的人总是谦逊低调，不会轻易凸显或者妄言。

无论处于怎样的年纪，做人一定要保持"空杯"心态，这样才能有所受益，人生才会越来越好。我们要想成为真正有文化的人，就要努力做一个有智慧、有德行、有学识、有修养、有才能、有辨识的人，学会谦虚聆听、谨言慎行。要从当下做起，做好身边的点点滴滴，多阅读、多思考，积极向上，每天都保持进步；还可以向明理的老师学习，学习他们的人生态度、处事方法、思想智慧，从而提升自我。相信能坚持做到的人，其人生会越来越充满意义。

为自己许诺

你做过承诺吗？有多少兑现了？当你所承诺的事情无法兑现时，你会怎么做？在生活中，做出承诺是一件很平常的事情，比如你答应孩子星期天去公园玩耍，超市宣传不卖隔夜菜，公司的同事承诺会保守你的秘密，网购商品标注了七天无理由退货……人类社会的运行离不开承诺，它构筑起人与人之间的信任，同时还节省了大量的时间和经济成本。

一个小小的承诺，可以同时体现出一个人的道德和能力。敢于做出承诺的人，充满勇气和责任心，拥有诚实待人的品德；能够成功兑现诺言的人，则拥有过人的才能，做事从容不迫，胸有成竹。对于一家企业、一个组织而言，这一点同样适用。

承诺，是拥有分量和压力的，需要我们经过深思熟虑，才能说得出口。对于重视承诺的人来说，承诺的开始是一句话，其后是长久而深远的行动；但对于不重视承诺的人来说，承诺在说完的那一刻就已经终止了。

马氏盛族发展到今天，涉足的领域越来越广，落地的项目越来越多，已经成为一家跨国集团，这其实就来源于一个个承诺。因为我们背负着数万人的期望和信任，正是大家殷切的目光，催促着我们奋力前行，也让我们秉持言出必果的精神，积极拓展马氏版图。在所有的业务板块中，教育和生态是我最为关心的，因为这两者都事关一个最重要的命题——人类的未来。

在我们生活的世界里，各种灾害、祸患频频发生，包括疫情、泥石流、冰川融化等，很多都是看似天灾，实则人祸。人类的贪欲和自私，导致环境变化、生态失衡，进而造成其他生命濒临死亡甚至灭绝，最终反噬人类。病痛也是如此，很多都是我们自己造成的，正所谓相由心生、境由心转，心变坏了，行为、身体自然也会产生不好的结果。

在新冠疫情初期，我就一直在思考，如何在造福人类健康方面做出自己的贡献。我看到中医对新冠患者的医治效果是十分显著的，而我本人对中医曾有过一些研究，于是就打算以此为突破口。中医讲究标本兼治，重视人体养生，善于从饮食和营养方面来调节人体机能。我在心底暗暗许诺，要寻找一款融入中医理念的产品，以增强人体免疫力为主要功能，同时还能兼顾人类健康和生态保护的要求。

公司如今布局的大健康、高科技、文旅产业，以及在传统文化和慈善等方面的努力，都来源于我们"兴业济民，普利大众"的承诺。《道德经》曰："故道大，天大，地大，王亦大。域中有四大，而王居其一焉。"道是无穷的，天是无尽的，地是无边的，而人为什么能与道、天、地并列四大呢？是因为人有着与生俱来的责任感，以及"无我、利他、专一、守信"的精神。一个承诺，就是天地间最大的坚守；一旦承诺，就要想方设法地兑现。好比这些年来，公司发展越来越好，很多人劝我不要那么拼命，要享受与家人的天伦之乐。我当然不能应承，因为我不愿虚度光阴，要把生命奉献给公司，要把更好的产品和服务带给更多的人。也许是心中有梦想，脚下有力量，哪怕常常熬夜加班，我依然不觉得累，反而每天都充满干劲。

在一定程度上，与其说你在为别人许诺，不如说你是为自己许诺，承诺其实是一种个人意识、态度和决心，它来自我们的内心。为了实现它，你甘愿放弃其他的态度和决定，并告诉自己："我就是要这么做，无关乎别人。"只有这样，承诺的力量才会超乎想象，超越彼此的社会关系和契约形式，以信任的方式发挥作用。可以说，恪守承诺是我们成就未来的有力武器。我们每个人都喜欢和诚信的人打交道，并且都渴望获得成功，这就要求我们无论是做人还是做事，都必须恪守承诺，用自己的诚心换别人的诚心，在互惠互利的基础上，共同取得成功。

有些人往往不知道如何获取他人的信任，其实这体现在生活的点点滴滴中，如"守时"，这也是恪守承诺的一种具体表现。我曾经不止一次谈到这个话题，我认为珍惜时间的人与不珍惜时间的人，或者说守时的人与不守时的人，这两者的人生往往会呈现不同的状态。有拖延习惯的人，大多很难把控自己的生活、工作节奏，无法合理安排自己的时间和需要完成的事项，进而影响与其他人的沟通和合作，导致生活不如意、工作不顺利。在我看来，"迟到"就是一个减分项，别人不计较或不在意，是因为别人有包容心。但是，我们一定要知道，"迟到"看似对自己没有实质性伤害，实则已经影响到自己的信誉和福报。

我常常强调，做人做事一定要"专一、守信"，应承的、安排好的事情，一定要按时、按量、按质完成好。我就是一个很守时的人，每次与别人约定好见面时间，都会"宁早到勿迟到"，提前抵达以做好充分准备。如果遇上了不可抗拒的因素，我也一定会提前告知、做好安排，不让对方毫无目标地等待。要知道，我们每天都活在成功与失败中，成功不在于事业做得有多大，践行了自己的承诺就是成功；失败也不在于遭受多大的挫折，自己应承的事没有做好就是失败。

值得注意的是，在与人打交道时，对于那些经常信誓旦旦或者格外热情的人，要多加留心，因为这种人往往很少讲信用，喜欢当面一套背后一套。《道德经》有言："夫轻诺必寡信，多易必多难。"老子对于人性有着深刻的洞察，他一针见血地指出，轻易许诺的人必定信用不足。这实际上是在告诫我们不要轻易上当，也教导我们要重诺言、守信用，不做言而无信之徒。

事实上，没有人可以要求别人许下承诺，因为承诺就是一种信任关系，只能赠与，不能要求，强迫得来的承诺一文不值，就像夏天的阵雨一样来无影去无踪。所以面对别人的许诺，有智慧的人通常怀着一颗平常心，须知豁达有度，气运自来。

圣人无常心

什么是圣人？《道德经》有言："圣人无常心，以百姓心为心。"圣人无我无私没有成见，起心动念皆为天下众生，以百姓的意志来决定自己的意志，符合大道、顺应自然，从而达到人我合一、天我合一。

圣人无私，包容一切，是谓"善者吾善之，不善者吾亦善之，德善；信者吾信之，不信者吾亦信之，德信"。诚、善是自然万物的特性，也是大道的根本，我们追求不断升华的生命，实际上就是要让言行符合诚、善的要求。

诚实守信的人，可以让他人觉得放心可靠，自己也能身心安稳。诚信是一个人德行的体现，所谓一诺千金，即是如此。诚信自古以来都是做人的重要标准，圣人诚信，被世人敬仰；君王诚信，受百

姓爱戴；普通百姓诚信，也会得到他人的尊重。

以诚、善为本能够积下大德，生命亦不会被轻易"败坏"，还能上升到一个更高的境界。虽然生活在俗世的我们，也许一辈子都无法达到圣人境界，但我相信，只要以圣人为榜样，通过学习圣人智慧了解、提升自己，最终一定能超越俗人的眼光和知见。无论是面对善良还是刁蛮，都能接纳；不管是经历诚信还是狡诈，都肯信任，这就是修行。

天地间最强大的力量是无形的心量——发自内心地包容他人，才会有包容自己的力量；发自内心地帮助他人，才会有帮助自己的能力。每个人都是命运的创造者，也是行为的承受者。所以，守信之人我信任他，不守信之人我也信任他，因为人人都有信道守信的天性。

用道的大德信任众生，就可以使得人人信道守信，从而营造一个良性运行的社会环境。

我曾经发心：将来如果成立公司，就一定要把它打造成一个文化的平台，不仅是一家公司，更是一所学校，用中华优秀传统文化指导员工的言行，引导员工学习、践行老祖宗的处世智慧，进而帮助更多人提升认知事物的能力以及辨别是非善恶好坏的本领。如今，马氏盛族拥有独特的企业文化，充分践行"无我、利他、专一、守信"的承诺，以文化育人，以信任为纽带，用包容持续创造价值。

众所周知，大部分公司都是不提倡办公室恋情的，严格一些的公司还会将其写入规章，一旦发现有办公室恋情就会双双开除。但在我们公司不仅可以恋爱，还可以结婚生子，然后一代两代等几代人都可以在公司就职。公司会祝福每一对恋人，除了特殊部门的恋人会做适当的调动以外，大多都是顺其自然。我还专门设计了简约干练的孕妇装，让准妈妈们也显得有精神、有气质。

　　为什么公司允许这样做呢？我认为，万事万物都是因缘和合而成，两个人走到一起也是累生累世的因缘所致，这不是一种制度就能改变的。能在公司恋爱、结婚、生儿育女，充分说明两个人都和公司有着深厚的因缘。

　　谈恋爱是一种自然常态，我们不会干涉大家的情感生活，但会引导大家正确地认知自己、认知公司、认知工作、认知生活、认知恋人等，让大家知道如何做人做事，学会承担无论是工作中还是生活中的相关责任，学会如何理清公与私、上与下的关系，学会相互配合、协作、督促、勉励、照应等。其实只要有正确的方向，办公室恋情也是一种好的修行。

　　比如公司就有这样一对情侣，他们一致为公司大局着想，女孩子为了工作经常加班到凌晨，而男方虽然很是心疼，但没有丝毫抱怨，一直都是耐心地等候，加班回家后做上热腾腾的饭菜……这样的恋爱难道不应该提倡吗？这是充满正能量、让我们感动的事情，所以凡事因人而异、因事而异。也许有的人认为女方这样实在太辛苦了，会精明地向公司提出很多要求，或者直接离职等。但这对情侣就不一样，他们全心投入，以大局为重，并习以为常。他们是有目标的人，同时也有文化、有思想境界。

强制的手段往往解决不了根本问题，就像昼夜交替、四季轮回一样，完全不会受人为因素的影响而改变，这就是道法自然。恋爱也是一种自然现象，强行阻止还不如随顺自然，教给大家正确的思想理念、正确的方式方法。无论是一个人还是两个人抑或是一家人，都能在这个平台上提升个人的修养与智慧，都能将"无我、利他、专一、守信"作为人生的指引。当彼此有着共同的人生观、价值观，很多工作和家庭问题就不会存在了，还能促进和谐关系。

同处一家公司，受共同的文化、环境熏陶，彼此的奋斗目标就更易一致，相互之间会有更多的理解和支持，关系会更加稳定，他们的福报也会越来越深厚。

在我看来，这就是信任的传递，是价值理念的趋同，这种倡导人人向善的精神能填平沟壑、消除分歧，是人与人之间沟通的桥梁。我们的生命就像空谷里面的回声，你给出什么它就回应什么，你播种什么它就会收割什么，总之你送出去什么它就还给你什么。世间万物，对人、对事都是一样的道理，正如孟子所言，"爱人者，人恒爱之，敬人者，人恒敬之"。

有人曾问我，如何看待生活中充满负能量的人。确实，在我们身边有不少负能量满满的人，他们对生活没有丝毫期待，以消极态度看待人、事、物。我有一位朋友，每当遇见一个人、遇到一件事，第一反应就是挑毛病，只看到这个人哪里不好、这件事哪里不顺，却不愿发掘人、事、物好的那一面。

其实，之所以内心会充满负能量，很大程度上就是源于信任能力的缺乏，不信任周围的人、事、物，甚至不信任自己。不是生活的环境不如人意，而是选择的生活状态，折射出自己内心的模样。正如我常说："心能转境。"内心的想法、选择如何，往往决定了生活的状态和方向。如果我们总是沉浸在负能量中，对待生活的态度自然会萎靡不振，面对生活的磨炼更会不堪一击。

很多人内心充斥着负能量，源于过往那些不好的经历。但是，如果让负能量牵引着自己前进，最终既会伤害自己也伤害别人。我过去脾气火爆、性子急躁，常在不经意间伤害了别人。后来我认识到自己的不足，慢慢改变了心态和脾性，如今我以谦卑、善良为戒，变得柔软许多，也更加温润而泽了。

不少朋友说我现在变得越来越"傻"了，面对别人的伤害、欺骗，不似从前那般尖锐，反而能够从容接受。其实不然，当我们心生善念的时候，心胸自然就会开阔，也就能更好地善待他人。面对生活、工作中的不如意，不要抱怨、愤愤不平，否则负能量就会衍生出来。要相信，点点滴滴的好事善行，也能汇聚成无限的正能量，让自己、世界变得更加美好。就像我们公司能有今天的成功，不是我们其中某个人的功劳，而是每一位员工的共同付出。

"歙歙焉，为天下浑其心。"如果每个人都能学习圣人的无欲无我、利他行善，就能创造一个让信任畅通无阻、互相传递的世界，所有人都浑然一心，达到无为而治的至高境界。

第四章

如何同舟共济，打造信任文化？

聪明人常见，而智者不常见

马氏刚成立时，我兼管招聘工作，因此遇到过各种各样的应聘者，也面试、录用过许多人。

曾经有一位应聘者，他在应聘我们公司之前，就换过很多份工作，但所有工作都与他的专业有关。当时我就想这个人应该可以用，至少他擅长于本专业的事，可以"取其长，补其短"在我们公司发挥作用。但事实证明，我的想法是错误的。

相处久了以后，我了解到他有一个很大的缺点：喜欢说人是非，不能与人友好相处。久而久之，他与周围同事的关系越来越差，工作也受到不小的影响。但他始终没有意识到，是自己制造了与同事的矛盾，也是自己拖累了工作进度。因此，他只能盲目地频繁更换工作，希望找到一个更加舒心的工作环境。

毫无疑问，这位应聘者没多久就离职了。通过这件事情，我才深刻地意识到，招聘员工一定要了解他是否有"定力"。老话说"定能生慧"，拥有定力，才能在困难面前处变不惊，进而反思、总结、升华，并提升自己的智慧力。一个有定力的人，即使公司面临重大挑战，他也能稳如泰山，与公司共进退同发展；反之则无论换几份工作、在哪一个行业，都不会有所作为。

另外还要考察的，则是一个人的道德，即忠诚。忠诚是一种可贵而稀缺的品质，意味着专一、团结、信赖，是人际关系得以升华的催化剂。

要知道，无论是大公司还是小公司，在发展的过程中都会遇到大大小小的困难。如果公司一有难，自己就先跑了，还谈什么回报呢？但如果在公司有难时主动迎难而上，与公司风雨同舟，为公司披荆斩棘，即使公司无法渡过这一难关，老天也会考量并给予回报。

还有人觉得，自己为公司付出劳动，拿工资得奖励是天经地义的事情，所以想离开就离开，也不会对任何人有所亏欠。其实这种想法是错误的。

我认为，付出的劳动与工资或许是对等的，但公司录用员工是基于信任，员工同样要支持和忠诚于公司。正如马氏在过去十余年里，遇到过无数的困难挫折，又一次次化险为夷，就是因为有一群人团结一气、相互扶持和帮助，才成就了如今的跨国集团。而上述这位应聘者，很显然就缺乏忠诚的品质。

众所周知，疫情让很多企业陷入了困境，负债、破产现象比比皆是，许多人无法拿到全额工资，甚至面临失业、求职无门的境地。但与此同时，也有很多企业呈现不同的景象，尽管这些企业也面临困境，却依然坚持了下来，没有裁掉任何一位员工，并且按时全额发放工资。我们公司就是如此，因为我们坚守"无我、利他、专一、守信"原则，发愿"兴业济民，普利大众"，在任何情况下，都要对员工、客户、社会负责到底。首先我们就要对员工保持忠诚。

有人曾问我，聪明和智慧有什么区别。其实我们常用"聪明"来形容人，从表面上看，是指人耳聪目明、醒目机灵的模样；从本质上看，是指人智力高、能力强、表现突出。而"智慧"这个词，则更多地形容人全面发展，不仅智力超群、能力出众，还有大爱情怀和利他之心。

结合这一章的主题，就会发现：一个忠诚的人通常是有智慧的人，但一个聪明的人不见得能保持忠诚。

有句俗语说，聪明反被聪明误。由此可见，"聪明"不仅用于褒扬，有时在某种程度上还具有讽刺意味。这是因为，聪明人往往存在"利己"之心，容易计较个人得失，喜欢就事论事，只注重当下结果；智者则懂得因果法则，能透过现象看到本质，用当下行为改变未来的命运。很遗憾，很多人贪图一时的享受，选择成为一个聪明人，而不是成为一个智者。

明代刘伯温所著的《郁离子》中记载了这样一个故事：有个商人过河时船沉了，他抓住一根大麻杆大声呼救。有个渔夫闻声而至，商人急忙喊："我是一个富翁，你若能救我，给你一百两黄金！"等到渔夫把商人救上岸后，他却只给了渔夫十两黄金。渔夫怪他出尔反尔，不讲信用，商人却勃然大怒道："你一个打鱼的，一天的收入有多少？突然得到十两金子还不满足吗？"渔夫只得怏怏而去。不料，后来那商人又一次在原地沉船落水有人欲救，那个曾被他骗过的渔夫说："他就是那个答应给我一百两金子而不兑现承诺的人。"于是商人淹死了。

很显然，这个富翁是个"聪明人"，但因聪明过头而丢了性命。

马氏成立至今，经历了无数次狂风骤雨，其间，有很多聪明人被淘汰了，也有许多智者一路随行至今。这其中就包括众多优秀的高管们，他们入职十多年来都不曾请过假。其中一位还是在亲人去世时，才请了半天假，而且是我知晓后主动给她批的假。要知道，一艘船无论大小，只要航行在海面上，就会遭遇风浪袭击，这是自然的运行规律。但有些聪明人，被自私自利蒙蔽了双眼，永远想不明白这一点，看到风起云涌，就立刻弃船而逃，甚至带走非己之物，殊不知前方还有更大的风浪在等着他。

一个人的忠诚，在不同的领域是有不同体现的。在职场，忠诚是职业素养；在家庭，忠诚是真心爱护；在国家，忠诚则是民族大义。但无论处在什么位置，都要心存感恩、善良慈悲，一步一个脚印，向善、向上筑牢发展根基，搭建成功人生的高楼大厦！

　　我一直坚信，人要有坚定不移的意志，即使自己的思想行为不被别人理解，也要把当下做好。所有事情都可能出现偏差，唯有因果不会有任何差池，在做任何决定之前，一定要做好充分准备，厚德载物，一切才能美好且长久。也希望大家能够认知自我，觉知人生真相，承担已经造成的不良后果，改变和精进不足的地方，让自己脱胎换骨，成为一个懂得感恩的人、一个心性忠诚的人、一个有大智大慧的人。

大音希声

　　一个夸夸其谈却缺乏行动的人，一个沉默寡言却踏实做事的人，你会选择信任哪一个？毫无疑问，肯定是后者。

　　在我们集团，有各种各样杰出的人才，他们有的擅长管理，有的擅长策划，还有的善于开发新产品。对于他们，我经常强调一个首要的原则，那就是少说多做，踏踏实实做出成果。在坚持道德的前提下，以结果为导向，这是公司持续向前、不断发展的动力所在。

　　少说多做的人，拥有沉稳可靠的气质，他们运筹帷幄、一言九鼎，遇到事情也能从容淡定、处变不惊。最重要的是，他们懂得如何修炼内心，达成与世无争的豁达心态。所以，沉默并不是无话可说和底气不足，而是厚积薄发、成竹在胸。这样的人，不显山不露水，不争辩不吹嘘，说话谨慎、做事踏实，是真正的大道至简、大

音希声。

有人说过：能言善辩需要很多技巧，而沉默寡言只需足够的智慧。有时适当地沉默，用心地倾听，既体现了一个人的修养，也表现了对说话者的尊重，可以拉近彼此的距离，有助于进一步交往，这也是信任的开始。

曾看过这样一则故事：有一家通信公司遇到了一位十分难缠的客户。这位客户认为有一笔电话费的收取不合理，他不仅拒绝支付，还向相关部门投诉，给通信公司造成了非常不好的影响。多次协商无果后，这家公司派遣一位调解员去拜访这位客户。

第一次见面时，这位客户就不停抱怨了近3小时，而调解员什么都没说，一直保持沉默。后来，他们又见了3次，每次见面，调解员都是安静地听客户说话，从不试图去打断，更没有解释和争辩。最后一次会面，这位调解员在听完客户抱怨后，提出了解决方案。令人意想不到的是，这位客户不仅把所有的账都结清了，而且主动撤销对通信公司的投诉。所以，有时候不是所有的矛盾都能通过争辩来解决，保持沉默、耐心倾听反而能够缓解矛盾、解决问题。

在古人的眼里，少说话是一种修养，更是一种境界，正如《道德经》所言："多言数穷，不如守中。"人只有在安静的时候，才能看清真实的自己，集中精力，把握先机，取得更好的成就。相反一个人太浮躁了，心静不下来，尽管貌似也很忙，但多是瞎忙，很难取得成绩，更不要说成功。

汉朝名将李广，人称"飞将军"，他抗击匈奴，为大汉朝的安宁做出了不可磨灭的功绩。司马迁为他立传，称赞他是"桃李不言，下自成蹊"。这是极高的赞誉，意思是说他为人不善言辞，却真诚笃实，能感召天下人之心。

有句话说得好：空谈误事误己，实干兴邦兴企。孔子曰："君子欲讷于言而敏于行。"这是为人处世的大道理，即少言多行，少抱怨多做事。不管是对个人还是企业而言，都要有这样的觉悟。

2018年4月，公司正筹备成立美国子公司，我飞去纽约处理相关事务。忙碌之余，我应邀做客美国中文电视台的访谈节目《纽约会客室》，与主持人畅谈中华优秀传统文化及现代企业管理思想。访谈中有一个问题是"东西方文化冲突如何解决"。具体而言，美国子公司不可避免地要聘用当地人，假如不能让他们认可企业文化，真正融入马氏大家庭，那么就很难取得卓越的成绩。

我告诉主持人："中国优秀传统文化不仅是中国的，更是全人类的，我希望美国子公司可以成为这个文化的载体。"

为什么这么说呢？大家知道，在马氏几乎没有什么规章制度，《道德经》就是治企之本，秉持的是"以德治企"理念。什么是"德"呢？"德"的核心就是"无我利他"，是不自私，具有广博的格局和胸怀，以天下为己任。我常说，做企业的人一定要有家国情怀、天下格局，不能以为自己只是在做一份生意，而是要把眼光放长远。所谓"水善利万物而不争"，一家有"德"的企业能以自己为圆心，影响越来越多的人，让他们向"德"靠近，践行"德"的理念。这就像是涟漪效应，可以发挥出不可估量的作用，创造一个和平发展的环境，帮助越来越多的人安居乐业。

话说当时，正值叙利亚战争期间，美国计划增兵叙利亚。我们每天外出时车上广播的新闻都是千万难民流离失所、饥荒席卷大地……诸如此类，令人痛心不已。世界的动乱远远看不到尽头，但永不过时的是人类和平发展的愿望、人与人之间和平相处的永恒主题。

要实现这个宏大的目标，需要我们有无穷的智慧、勇气，需要用文化的力量来化解争端。虽然东西方文化不尽相同，但对于"德"的追求全世界都是没有差别的，将"无我利他"作为行为准则，就能让人们放下戒心，建立深层次的信任关系。

我向主持人阐述了中国传统文化的智慧，以及马氏是如何践行"以德治企"的。马氏把《道德经》中的管理智慧总结为"上以无为、下以有为、事以合为、无所不为"十六个字，并运用到企业管理中，获得了前所未有的成功。"既以为人，己愈有；既以与人，己愈多""圣人之道，为而不争""千里之行，始于足下"等思想也令主持人产生了共鸣。最终我们俩默契十足地完成了访谈，虽然没有提前沟通，但我对每一个问题都应对自如，半个小时的节目没有经过剪辑就能直接播出了。

身处这个时局变幻、充满挑战的时代，每一个人、每一家企业都需要积极面对，用实际行动创造一个令人向往的社会。不管这个"乌托邦"式的理想有多么遥远，都要保留我们的初心，保持不灭的激情。

默默地付出，默默地奉献，始终践行"无我利他"的道德精神，这就是马氏一直在做的事情。也正因如此，马氏从一家无名的小公司，发展成横跨中国、新加坡、英国、澳洲等100多个国家和地区的大型跨国企业，在全球拥有五六千名员工，约万名投资者将信任托付于我们。

在承担社会责任方面，马氏也一直积极贡献自己的力量，如2017年成立了广东省天使慈善基金会。天使，寓意高雅、圣洁与富有爱心，以"天使守护"的寓意弘扬慈善文化，关爱弱势群体，助力公益事业。基金会倡导设立了"梧桐树贫困大学生助学计划"，帮助湖南、云南、四川、贵州及延边朝鲜族自治州等地近千名贫困家庭的大学生走进大学校园，开启人生新征程。

基金会在贫穷地区捐建农村留守儿童"天使·希望家园"，在惠州、河源、梅州、韶关等山区建设了30所希望家园，捐赠近10万册图书，还实施"童心抗疫"和"暖冬行动"等多个关爱农村留守少年儿童公益行动，助力数千名山区留守儿童健康快乐成长。

可以说，这也是我"追赶心中的太阳"的一部分，是我要为之奋斗终生的事业。

道不同，不相为谋

作为一家企业的创始人，我经常会被问及"创业过程中最重要的是什么？"这个问题其实并没有标准答案，每一个创业成功的人都有自己的"道"，或能力出众，或资源丰富，或有贵人相助，或跟对了行业趋势。但有一点是不可缺少的——创业团队拥有共同的价值观，坚定地信任彼此，让组织永远朝着同一个目标前进。

信任是建立组织的基础。所谓"道不同，不相为谋"，一个不能相互信任的团队，无法称之为"团队"，只是一群个体在各自为战，其结果常常令人失望。在这样的组织中，冷漠隔绝了有用的信息，猜疑导致权力争斗，不管这个团队的人多有才华，也永远不可能发挥出自身的潜力。

真正默契的合作者，是在灵魂层面同呼吸、共命运，同心同德，相互包容。正是这种骨子里的信任，让团队走得更远、走得更稳。

三国时期的刘备团队就是一个典型的例子。初次见面就彼此折服，意气相投，桃园三结义成为佳话；素未谋面，刘备却能三顾茅庐，成功请得诸葛亮出山相助；以仁义待人，得赵云等"五虎将"誓死效忠。刘备以"匡扶汉室，以安社稷"的远大志向，凝聚了一批"可以托六尺之孤，可以寄百里之命"的人才，最终得以建立蜀国。

每个人都有自己的处世之"道"，同样一个组织也有立足之"道"和发展之"道"，这个"道"就是企业的灵魂——企业文化。但凡一个优秀的组织都拥有优秀、独特的企业文化，这就像一个人要想取得卓越的成就，就必须树立崇高的理想和具备优秀的品格一样。

企业文化将"志同道合"的人凝聚在一起，形成合力，做出卓越的成绩。这些人天然地信任彼此，富有贡献精神，能让组织经受住一个又一个的考验，让企业蒸蒸日上。

马氏刚成立时，整个团队还不到十人，但现在已经是一家拥有数千名员工的跨国集团。我曾说过，过去十年是打基础的十年，未来的十年则会是腾飞的十年。为什么我这么有信心呢？因为从创立之初，公司就以中华优秀传统文化为根基，并使其渗透至企业经营的方方面面。博大精深的中华文化经过数千年的发展，早已形成了无穷无尽的智慧，取之不尽、用之不竭。在这种文化的感召下，越来越多有共同志向的人才汇聚于马氏，让马氏一直保持活力和动力。

马氏许多高管都是我亲自提拔和任命的，不管他们以前是做什么的，不管他们的起点是高是低，都必然符合一个特质——有一种使命感，始终传承和发扬中华优秀传统文化。马氏美国分公司首席运营官裔锦声博士就是这样一个人。

裔博士是我的老乡，我们都来自成都。四十年前，我们带着各自的梦想，一个走向国外，一个走向南方，四十年后相遇在美国。我在《秋言物语Ⅱ》的《嘿，这里有两个成都姑娘！》一章中曾这样写道："我们身上有很多的相似之处。一样的目标明确，说做就做，毫不拖泥带水；一样的认定一个目标，百折不挠，咬定青山不放松。"

说起和裔博士的第一次见面，我仍记忆犹新。那是 2017 年的春天，美国波士顿下着大雪。那天我去参加哈佛论坛，一走进会场，就有一位女士脸上充满热情，大老远就飞奔过来，还说着："马总，我等你好久了！"这位女士就是裔博士，她衣着朴素，却尽显干练，一看就是性情中人。我们握住彼此的手，就像一对老朋友一样，话匣子一打开就停不下来了。事实上，我们虽未见过面，但已神交许久，因为我们都读过彼此写的书，且有着深深的共鸣。她看过我的《秋言物语》，我则看过她的《华尔街三部曲》。裔博士是著名作家，其作品有《华尔街职场》《职场政治——华尔街人力资源案例》《华尔街英语》。

整个论坛期间，我们俩形影不离，一起参加讲座，一起会见专家学者。我们一直聊个不停，简直是相见恨晚。我们聊中华优秀传统文化，聊企业家的家国情怀，聊如何向世界讲好"中国故事"。我们都认为：中国是现今世界上发展潜力最大、最稳定的国家，我们要让世界了解中国。

一天的时间就这样过去了，我俩完全成为莫逆之交，彼此惺惺相惜，被对方所折服。裔博士做了一个决定，她要加入马氏，成为我的工作伙伴，用她的原话说"我的下半生只为马总一个人工作"。

裔博士曾担任苏利文公司副总裁，为高盛、摩根大通、摩根士丹利、瑞银、德意志银行、花旗银行等金融机构在全球五大金融市场从事精英团队的甄别、建设等工作，为华尔街投行建立了至少 15 个"赢团队"，包括中国资本市场最成功的红杉资本等。她一直致力于促进中美两国交流，为纽约和成都之间的文化联系做出了许多贡献，并曾经担任成都市的经济顾问和文化顾问，在 2003~2006 年为家乡引进资金近百亿元。

裔博士是一个精神内在和业务能力都堪称卓越的人，我对她报以完全的信任，将美国分公司这个重担交给了她。事实证明，她不仅没有辜负我的期望，还超出了我的预期，她为马氏引进了一批高

端国际化人才。

　　如今，美国分公司在裔博士的带领下，正向着更高的目标进发，其落地的大项目包括家庭电影奖和生命水等都取得了巨大成功。裔博士不仅本人投身马氏，其家人也加入了马氏。可以说，裔博士成就了马氏在美国的事业，马氏则让裔博士的人生达到了更高峰。这背后是我们共同的选择——我们选择将发扬和传承中华优秀传统文化作为自己的事业，正是这个精神内核，让我们走到一起，密不可分。事实上，做企业不过是传播文化的载体。

古人云："物以类聚，人以群分。"如果追求不同，道路就会不同，自然不会走到一起去；如果三观相合，自然会相聚在一起，以坚不可摧的信任，造就出一股非凡的力量。"与君之伴行，路遥不知其远"，愿大家都能找到志趣相投的创业伙伴！

企业内耗的根源

在企业运作、实现价值的过程中，需要领导者、员工和部门之间的鼎力协作，而这些合作并不总是一帆风顺的。由于部门和个人间的差异，他们总是倾向于形成一个个利益小圈子，员工之间、上下级之间，以及部门之间常常会出现意见不一致或利益冲突的情况，从而导致企业内耗。此外，合伙人之间信任破裂，不欢而散的情形也是屡见不鲜，近的如当当网，远的如乔布斯也曾被踢出董事会，时隔12年才重新返回，并救苹果于危难之中。

俗话说，最坚固的堡垒也抵不过内部的瓦解。部门壁垒，各自为政，"在其位，不谋其政"，甚至勾心斗角，拉帮结派……凡此种种，皆有根源，那就是公司缺乏包容开放的优良企业文化，领导者缺乏宽广的心胸格局，员工缺乏彼此信任的信念。

许多人都对"打小报告"这件事情见怪不怪，这其实是企业内耗最常见的形式。销售部经理对老板说："这个季度的业绩之所以不好，是因为市场部出的方案不行。"市场部经理知道以后，找到老板说："销售方案没有问题，业绩下降的原因其实是销售部的人能力不行，执行力太差了。"不管老板如何处理，两个部门都彼此看不顺眼，公司的营销工作陷入了人际斗争中，内耗也就此产生了。

还有相当一部分企业，为展示开放透明的企业文化，允许越级上报，员工之间相互监督，甚至设有举报箱，这看起来仿佛更公平、更透明、监督力度更大，本意无疑是好的，但如果尺度把握不好，就很容易产生一种猜疑的氛围，使得企业内部毫无诚信可言。中层还会极力去"拉山头"，打造自己的小圈子，作为对抗这种制度的方法。

企业在运作中，最重要的是人与人之间的沟通，这就需要营造坦诚的氛围。很多企业内部人与人之间缺乏坦诚，总是相互猜疑。领导一句话"我讲的是对事不对人"，往往会引起员工之间的互相猜测。于是，企业的市场问题、生产问题最终演变成人际关系的问题，简单的问题也变得复杂化。

要知道"人"字是由一撇一捺组成的，下等人互相拆台，上等人互相成就。包容、信任和相互支持，是企业中人与人相处的基本原则，也是为人处世之道。"心胸格局有多大，事业就能做多大"，那些越来越壮大的企业，一定是倡导奉献精神，有着无我、利他的企业文化。在这样的企业中，上到领导者，下到基层员工，都具有共同的价值观，相互理解，相互欣赏，沟通无间，在遇到问题时能成为彼此坚实的后盾。

这种长期积淀下来的企业文化，可以促使多数人真心热爱企业，不能容忍有损害企业利益的人，一旦企业内部出现了害群之马，也会被集体剔除，从而实现共赢。

在马氏的发展中，也有这样的害群之马，那是一家子公司的老总 A，他将"办公室政治"糟粕的一面展现得淋漓尽致，最终只能黯然离场。

首先，他沉迷于玩弄权柄，打压副手。子公司负责国内和国外两块业务，而他负责国外业务，经常在国外出差，国内业务则由一位副总 B 负责。在这种情况下，他对 B 产生了猜忌，唯恐 B 和公司总部高层走得太近，最终会夺走他的职位。于是他散布谣言，声称 B 在以前的公司有不好的"黑历史"，道德败坏。B 以前其实是做培训工作的，但跳槽到马氏的时候却谎称是搞科技出身的。并且 B 在以前的公司以阴谋诡计出名，曾经逼走他的上级，后来因事发而被公司开除。B 是在他的引荐下才得以入职马氏。

事实上，这些话语没有一句是真实的，而这些谣言也对 B 造成了非常大的负面影响。

其次，他为巩固自己的地位，不惜大肆拉帮结派。他每次出差回来，都要带回一大箱礼物，并用卡片写上名字，送到公司十几位高管的手里。那是他希望拉拢的一个小圈子，他关注着他们的一举一动，把他们的喜好和习惯都摸得一清二楚，投其所好地送礼物，唯恐公司上下不知道他的"实力"。这也是随时在"敲打"那位副总，警告他不要轻举妄动。

那么，被他拉拢的那个"小圈子"的人，站在他这一边了吗？当然没有，相反人人都觉得他做得太过分了，简直不知所谓，认为他的这种习性并不符合马氏的企业文化。

不得不说，他在加入马氏前期，确实做出了一些成绩，也展现了他的个人能力。但可惜的是，他逐渐沉迷于"办公室政治"，迷失了自我。为了自己的利益，可以随意编造谎言，拉拢关系，完全无视公司大局，导致人人都对他失去了信任。最终，他的不务正业，让子公司的业务陷入了难以为继的境地，他也在公司的调查下因原形毕露而离开了马氏。

《道德经》言："祸莫大于不知足，咎莫大于欲得。"天下最大的祸患源于不知足，最大的罪过源于贪得无厌，一个人只有达到一定的境界才能明白这个道理。只有明白了这个道理，才会珍惜当下拥有的，向着"无我利他"的方向去努力，与周围的伙伴并肩奋斗，从而实现个人价值和企业价值。

在现实中，我们还经常能看到这样一种现象：有一些夫妻或朋友合伙创业，在创业初期，大家的奋斗目标一致，哪怕工作环境十分艰苦，也能够齐心协力迎接挑战；到了事业成熟期或者衰败期，有些人却只想着个人的利益，在分配财富时尽可能地多拿，在出现问题时尽可能地推卸，最终和自己的伴侣或合作伙伴分道扬镳。

很多人想不明白，为什么人在艰苦时能够团结一致战胜困难，在富足时却爱闹矛盾、争斗抢夺呢？《清静经》写道："人神好清，而心扰之；人心好静，而欲牵之。"我们的心经常被欲望牵扯、影响，会在不知不觉中发生变化，所以夫妻、朋友之间产生矛盾，归根结底是因为彼此的心早就不在同一个频道了。

因此，无论是在创业艰苦期，还是在事业辉煌期，都要保持积极向上、勇敢拼搏、百折不挠的意志。同时还要有忧患意识、危机意识，珍惜当下团队共同创造的成绩和成就。正所谓"家和万事兴"，一个创业团队也是一个家，只有目标一致、和睦相处，团队才能不断发展，事业才能不断壮大；反之，如果各有异心的话，做什么事都难以产生好结果。

一切皆因缘，万事有因果。当我们有缘在一起合作共事时，就要珍惜这种缘分。行有不得，反求诸己，当合作出现问题的时候，首先要自己多反思，修正自己的德行。"镜子"应该照在自己身上，而不是照在别人身上，别人做得不好，自有他的果报，不断对自己提出要求，才能一直走在正确的道路上。

管理的境界

这些年来，我一直不断地读书学习和积累经验，把书本上的理论应用到实践当中，又把实践所得与理论知识相印证。我发现，书本上的许多管理知识在现实当中并不适用，哪怕是知名企业的运营模式、管理条例也不一定适用于自己的企业，别人的成功经验也无法契合到自身境况中来。

　　就好比企业的管理制度。有的企业崇尚"管理就是控制"这个理念，所以设置了十分严密的规章制度，办事讲究流程与规范，而且特别重视"规避漏洞"。在那里程序就是正义，员工的一切行为都处于掌控之中，真正做到将"权力"关进了制度的牢笼。俗话说，没有规矩不成方圆，但这种极端的管理制度，将会使团队信任荡然无存，慢慢失去活力、失去凝聚力，企业也会僵化、退步。

　　我们知道，在古代人们尊崇"圣人处无为之事，行不言之教"，以德行来化育人。到现代就出现了"管理"这个词，"管"有着强迫的意思，因为现代人的觉悟已经退化，需要种种条规、法律来约束人的行为，企业也需要不同的制度来管理员工。

　　在我们公司，采用的是"无为而治"的管理方针，"无为而无所不为"，这就是我们与众不同的地方。我始终认为，最好的管理方式就是化育。

所以公司几乎没有什么管理制度，而以《道德经》为标准，很多高管每天很早就来到公司，处理工作事务、读《道德经》，我们的团队积极向上，也充满活力。这种简洁的管理制度根植于我们"以德治企"的精神理念，我们将传统文化植入企业，打造了一个充满道德的平台，在开展经营的同时也不忘与传统文化并驾齐驱。所以我们能在风雨中茁壮成长，团队成员之间充满了信任，员工富有创造力。

有很多中小企业，通过借鉴大公司的成功经验，引进优秀的管理人才，实现了企业管理的改造和升级。马氏在发展壮大的过程中，也尝试过引入先进的管理经验和优秀人才，但最终结果却是南辕北辙。

那是马氏成立后的第三年，公司资金充足，业务飞速拓展，员工数量也在增加。为了让公司步入健康发展的快车道，也让管理更有效率，我们经过一番思量，决定引入现代管理方法，邀请曾经为华为服务的专业管理团队，为我们量身定制一套管理规则。很快，进驻后的管理团队就制定了一系列规章制度，包括员工守则、办公室工作守则，以及行政、人事等管理制度。并且，提出不读《道德经》，不开晨会，省出时间来开展业务。此外，还要求员工在工作中要更加严谨，不得抄经，也不得冥想。

"改革"就这么试行了一段时间后，整个公司的工作效率却不升反降。员工们个个"脸上无光"，产生了满满的负能量，导致业务没有提高，团队凝聚力反而下降了。甚至许多人反映，快要扛不下去了。

面对这种状况，我紧急召开会议，让大家畅所欲言，讨论问题到底出在哪里。会上，不管是基层员工还是中层管理者，都表示对新的管理制度非常不习惯，尤其无法忍受不读《道德经》、不开晨会。因为《道德经》是我们的文化源泉，也是治企的根本；晨会则是员工接受公司文化熏陶的重要途径，是大家剖析案例、共同进步的地方，可以让大家达成共识，在物质和精神层面都有所收获。

我在安抚大家的同时，重申"文化"对于我们公司的重要性，并总结了大家的发言，发自肺腑地提出了"上以无为、下以有为、事以合为、无所不为"的管理方针。上以无为，领导者的职能应该是指明方向，发挥主观能动性，而不能陷于具体事务的条条框框之中；下以有为，基层员工做起事来有目标、有计划、有方法，能踏踏实实地把工作做好；事以合为，则要基于天时地利人和，聚合一切力量，做到和而不同、求同存异，达到共赢的目的，即所谓的"和其光，同其尘"；无所不为，只要做到了以上三点，就可以开花结果，做什么都能获得成功。

这一次的尝试就这样戛然而止了。正如我常说，我们公司是在优秀传统文化的沃土中成长起来的，如果盲目地把现代企业管理的"枝丫"嫁接进来，反而会阻碍公司的正常发展。只有坚守自己的本色，坚持自己的选择，坚定不移地把优秀传统文化融入企业文化建设中，才能让马氏长成一棵参天大树。

随着马氏逐渐发展壮大，品牌塑造也成为重中之重，我们开始思考如何更好地实施公司的品牌战略。经过考察，我们邀请了"梦工厂"品牌团队，为马氏打造自有品牌。

梦工厂的策略很明确，也很具体，主要包含两个方面：一是构建自媒体矩阵，在几乎所有自媒体平台上开设账号，持续发布内容或文章，高频率地宣传马氏；二是制定课程，我在全国范围内开办讲座，吸引粉丝，打造个人影响力。我们发现，这些措施都很有针对性，可以快速提升公司影响力，在短时间内创造大量附加值。但最终我并没有采用，原因很简单：这与马氏的使命和愿景并不相符。

马氏从成立的那天起就把"兴业济民、普利大众"作为自己的使命，我们的初心是传承和弘扬中华传统文化，办企业只是一种手段和一个载体。为了实现这个目标，我们始终以"无我、利他、专一、守信"为核心价值观，并坚定不移地践行着。我们也找到了适合自己且行之有效的商业模式，那就是为员工、为客户、为投资人创造价值。所以，把时间都花在自己身上，甚至过度包装，这毫无疑问违背了我们的初衷。

人生就是一个不断学习与成长的过程，办企业同样如此。《道德经》曰："人法地，地法天，天法道，道法自然。"只有做到这一点，才能"独立而不改，周行而不殆"。经过这些尝试后，我们认识到，每个人、每个企业都有自己的基因，只能做自己，走自己的路。

企业管理本来就不是一件容易的事情，尤其是对"人"的管理则更难。在我看来，人人都有自己的心思，或自私自利，或顾全大局，或野心勃勃，或平常心态，没有人愿意被他人管理或改变。因此，我选择用马氏独有的管理手册——老祖宗的智慧结晶《道德经》，致力于用优秀的文化引领思想，用正确的三观化育员工，进而打造一个尽可能完美的团队。

所以，管理其实很简单，只要你有智慧，懂得善巧用人。所谓"善巧"，就是要怀着善良、慈悲的心对待下属，根据每一个人的性格、处事能力与习惯采取相应的管理方法，不要生搬硬套教科书。最重要的是以德服人、以德报怨，让每个人都学会自我管理与提升能力，从而使整个团队积极向上、秩序井然。

开诚布公的领导者

    一家发展壮大的公司，不仅是众人的德行使然，更取决于领导者的率先垂范。所谓上行下效，领导者是什么样的，团队就是什么样的。一个优秀的领导者应该身先士卒，并且能够感召整个团队，带领大家推动企业的文化理念落地实施。

    其实，无论是哪一个层级的领导，待人处事都要做到公平公正，这样才能产生好的结果。人无完人，每个人都有短板，可能会因理念出现偏差而做出错误的决策。所以，我经常鼓励别人给我提意见，且乐意采纳别人的正确建议。公司的发展，从来不是一个人的事，需要众人共同推动，集思广益、广纳良言，才是助力公司发展的正道。

    老子曰："大道无形，生育天地；大道无情，运行日月；大道无

名，长养万物。"意思是：大道无形无色无味，但它却化育出天地万物；大道没有分别心，但它却使日月运行；大道没有名字，但它却使万事万物生长有序。这句话告诉我们，做人做事都要遵循道的规律，不要逆道而行，才能事事顺利。

对于企业管理来说，其本质为：事是人做的，有人才有事，所以管事必须先管人，这就是道的规律。"管人"的第一要素就是先管理自己，包括自己的情绪、语言和行为，做到以身作则。要想下属不迟到，自己就不要迟到；要想下属做得好，自己就要先做好；己所不欲，勿施于人，自己都做不到的事，就不要强行要求下属做到。如果自己能做好了，也就没有什么事情需要去"管理"了。

创立公司十余年来，我越来越认识到，做一个开诚布公的领导者有多么重要。所谓开诚布公，就是敞开胸怀，坦白无私，诚心待人。做到这一点的领导者，不仅能树立威望，还能使团队成员心悦诚服，团队成员之间充满信任。

一个开诚布公的领导者，定然不惮于分享自己的精神世界，也会很乐意向别人传递自己的价值观和理念，向外界展示一个真实的自己。只有这样，才能真正拉近和员工的距离，提升员工对组织的认可度，让他们全心全意地投入到工作当中。在这一点上，我拥有一定的发言权——4000多天的晨会分享，已经将我和员工、客户紧密地联系在一起，每一个人都受益良多，既"长养智慧"，也收获了物质财富。

不仅仅是晨会分享，有时我还专门为员工开展内部讲座，比如在前文提到的"历事炼心"的培训，我就毫无保留地分享了我的心路历程和创业经历。在这场培训中，我还特别提及我的婚姻，讲述我与前夫的故事。

那是在 20 世纪 80 年代，海南经济特区刚刚成立，全国人民都积极响应建设特区的号召。我也毅然决然地辞去了铁路通信厂的"铁饭碗"，和先生一起离开家乡，来到海南这块热土，希望干出一番事业。很快，我凭借自己的中医知识和美容手艺，成功创办了美容院，在海南站稳脚跟。但也就是这次创业，让我和他的缘分走到了尽头。

我曾说过，我从小就有着豪情壮志、满腔热血。不甘平凡的种子早早就在我的心底生根发芽，我渴望长大后能做出一番大事业。而这，源于我的家庭教育。我的母亲出身于书香门第，为人温文尔雅，是一位贤妻良母，她将自身的修养与学问都教给了我，让我明白了做人的道理。我的父亲则是一位充满荣誉感的人，他全身心地投入到工作中，长期从事野外勘测工作，陪伴家人的时间很少，但对我的影响却很深远。我从小在父母的耳濡目染下，养成了不服输的性格，做事也风风火火。父亲曾评价我做事情是"一竿子插到底"，即便困难重重、头破血流也要把事情做好。

来到海南之后，我从零开始，一步一个脚印，事业渐渐有了起色，感觉自己的人生理想也在慢慢实现中。就在这个时候，我的事业却遭到了先生的反对——他认为女性最主要的任务就是把家庭照料好，没有必要出去工作，何况还要喝酒应酬。

对此，我无可奈何。确实，他与我本就不是同一类人，在事业上安于现状，在情感上又很不自信。事实上，我们俩的结合颇有些"门不当户不对"，也没有完全得到双方父母的认同。但当时的我们有爱情、有梦想，并没有顾虑太多，仍然坚持走到一起。在海南创业的那段时间，我投身于工作之余，同时把家里打理得很好，并没有弃家庭于不顾。

就这样，我们渐行渐远，后来甚至出现了冷眼相待、家暴，以及情感背叛，所有这些都犹如一道道枷锁把我锢死，那时候觉得婚姻就是一场"噩梦"。幸运的是，我没有被这场不幸的婚姻打败，反而在浴火中涅槃重生，最终挣脱了那一道道人生的枷锁。虽然这场婚姻没有坚持下去，但正如我常说的"婚姻是一场修行"，我从这场婚姻中觉知了真理，也收获了成长。

这就是我在那次培训中讲述的故事，我完全敞开了我的感情世界，让员工感受到一个更为立体、更为真实的我，也消除了一部分人对我的疑惑和误解。而对于另一点，向别人传递自己的价值观和理念，就更加不用说了。我几乎每天都在讲"无我、利他、专一、守信"的企业价值观，也无时无刻不在践行着"追赶心中的太阳"这一人生目标。

想要成为一个开诚布公的领导者，还要做到公开透明，即使对于突如其来的"坏消息"，也能用一种开放和真诚的态度，向员工和外部传递自己的信心和决心。正如前文提及的，公司在 2018 年遭遇互联网金融行业危机。当时，行业风暴席卷而来，上千亿规模的巨头说倒就倒，我们一开始也有过短暂的惊慌失措。但我稳住了阵脚，召开了多场会议，将公司面临的形势在内部做了清楚明白的通报，并带头对业务情况、财务情况等做了梳理。对外我们迅速组织人力，积极配合监管部门的调查，并详细地向各大媒体解释和回应我们的经营情况。正是这种公开透明的态度、正面解决问题的做法，让公司在内部和外部都建立起牢固且长期的信任关系。

一个开诚布公的领导者，还是一个不断学习、追求正知正觉的人。学会自我修养，学会如何用人，学会如何留住人才，学会"行有不得，反求诸己"。当有人正面指出你的问题时，应该警醒，并勇于承认自己的不足；当团队发展有所停滞时，更要反思自己，敢于给团队一个诚恳的交代。

也说取长补短

　　我来到深圳创业，已有十余年光景，在创业与守业的过程中，我始终保持张弛有度。放权给每一位管理者，相信他们的能力和决策；也淘汰过很多部门和人员，因为企业的发展需要效益和成绩。

　　其实，不管是创业还是守业，其根本都在于"用人"。公司之所以能发展，与团队建设密不可分。比如公司现在涉猎的生物、高科技等领域，我都尽己之力凝聚国际顶尖专家学者，让专业的人做专业的事，推动公司更好更快发展。

　　要知道，企业的效益是由所有员工共同创造的。如何达到企业效益最大化，就看是否把员工放在最适合的位置上，发挥他们的最大价值。一直以来，我坚持"抓大放小"的原则，一方面放大员工的优点，帮助员工完善自身；另一方面践行"育人为主"的理念，引导员工树立正确的人生观、价值观和世界观，培养德才兼备的企业人才。

汽车大王帕尔柏开辟自己的汽车代理业务时，聘请了一位知名汽车制造公司的管理人员来负责公司的汽车统销业务。对于汽车制造行业来说，这位管理人员可谓十分内行。但遗憾的是，他在汽车的销售业务和人员管理，以及如何控制不必要的费用支出、制定营销策略方面一窍不通。他来自汽车生产厂家，善于汽车生产管理，却不懂得如何与厂方据理力争，如何获取畅销车辆的货源，最终使帕尔柏的希望落空。

后来，他另聘了一位善于经营的人。此人十分了解汽车销售行情，对推销汽车有自己独特的见解，而且也注意费用的核算，结果使公司的业绩蒸蒸日上。

所以作为一个领导者，应该了解每一个下属的能力、特长、品行和爱好。在安排工作的时候，才能做到因材施用，人尽其才，将合适的人放在适合其能力和特长的岗位上，使之发挥最大能量。

此外，在团队建设中，尤其要注意相互理解与包容。作为领导者要懂得取长补短，激励每个人充分发挥才能，不要苛责和埋怨别

人的不足，更不要随意打击别人的自信心。当团队成员状态不佳的时候，领导者要先反观自己，就像盖房子一样，要先在自己的内心搭建起一个给大家遮风挡雨的地方，而不是要求大家为你搭建一座你想要的官殿。

因为一个平台要稳定持续地发展，就一定需要拓展业务、稳固人心，平台越大就越要包容。每个员工都是独立的个体，各有所长也各有所短，作为领导者应该懂得取其长、避其短，不能看到某一点不足就否定整件事，不能因为某一次失误就否定一个人。事物在不断发展，人也在不断变化，要给予他人改过自新的机会，最好还能帮助他人获得提升。我们要感谢自己的同事，正因为大家共同的努力与付出，才推动公司发展壮大，每个职员的前途才会更加美好。让所有员工树立起正确的世界观、人生观、价值观，然后过上幸福美满的生活，这是我一直以来的心愿。

说到底，只有先从对方的角度出发，先为对方着想，才能够收获相应的回馈和信任，才能够赢得大家的爱戴与追随。让每个人都充满正能量，找到自身的价值，愿意主动改变自己，这样一来，团队自然会充满力量，取得佳绩也就指日可待了。

金主任是公司的总裁办主任，相当于"大管家"。他曾经是一个道士，开口闭口"老君曰"，再加上只有高中学历，初来公司时备受争议。几乎所有员工都不信任他，认为他压根没在现代企业工作过，怎么能胜任如此重要的岗位？但我看中他的身份，因为一个做道家学问的人，必然是一个心静的人，做事也会比较纯粹。只要给他一个平台，他就会研究路怎么走、事情怎么做。

毫无疑问，总裁办主任是一个具有挑战性的职位，不仅要主管行政、财务方面的事情，还要非常有"政治头脑"，如此才能顺利地上传下达，并成为公司与客户的重要桥梁。

金主任好像天生就适合这个职位。他刚正不阿，眼里容不下一粒沙子，与此同时他深谙中庸之道的智慧，把处事圆融发挥到极致。他的口头禅是"我没什么文化"，说出的话却经常引经据典，三言两语就能将事情开解了。所谓"人情洞察皆学问，嬉怒笑骂即文章"，说的就是金主任。

有一回办公室要装监控，有几家供应商报价 8000~10000 元不等。偶然间，金主任发现有一名员工可以完成这项工作，于是他找来那名员工，以 9000 元的价格承包给他。这一下，立即就引起一些质疑，这当中是不是有什么内幕？其实并没有，事实是那名员工家里经济条件非常差，和母亲俩人住在只有一间卧室的出租房里，他只能睡客厅，母亲平时还要出去捡垃圾、捡瓶子。事后，金主任说，对于公司来说这点钱不算什么，但如果连自己的员工都不能照顾好，又何谈实现"兴业济民、普利大众"的企业目标呢？

一屋不扫，何以扫天下？这也是金主任的口头禅，对于小事务他尽心尽力，对于大事务则同样毫不含糊。他对公司的大方向十分清晰。什么事情能做，什么事情不能做，他的心里都有一杆毫厘不差的秤。我信任他，源于他从来都是从公司利益出发，并有足够的能力承担责任；员工信任他，因为他把整个团队的人都照顾得很好。

总有人评价我说，"您有一种独特的识人能力"。其实，这源于我明白一个道理："当下决定未来"，从一个人当下的认知、选择和行为，可以看出这个人对待生活、对待工作的态度，以及这个人未来的发展方向和高度。

每个人都处在不断完善自我的路上，面对财色名利的诱惑，偶有私心、邪念是很正常的，要学会对内克己、对外平心。《道德经》

曰："圣人常善救人，故无弃人；常善救物，故无弃物。"圣人大度能容，怀万物而不弃，能使人尽其才、物尽其用，我们也应学会接纳与包容一切，因为每个人都有存在的价值，每件物品也都有可用之处。

　　无论是在日常工作中还是在家庭关系当中，这都是值得我们注意的细节。人与人之间一定要相互理解与包容，不要将自己的要求与愿望强加于别人。每个人都有各自的特性，不可能人人都活成你想要的样子。每个人都有优缺长短，我们应该学会扬长避短，学会给对方成长与改变的时间。假如总是以挑剔的心看待一切事物，那么就没有一个人、一件事、一件物能够如你所愿，所以当所求不得的时候一定要反思自己，懂得从自身找原因，不要怨天尤人，从而在不断反省与成长中改善诸事不顺、所求不得的处境。

三个和尚没水喝

有句话叫"三分靠战略，七分靠执行"，意思很简单——再完美的战略，没有人去执行、去一步步落实到位，那就好似镜花水月，只是一堆空谈和泡影。就如同我一直所强调的，凡事都要拿结果说话，不管前面的路有多难走、事情有多难做，如果不能到达正确的终点，就没有资格谈回报。

在企业经营上，执行力是一个团队的核心竞争力，更是企业的生命力。现在许多企业都流行制定 KPI，并直接和奖惩挂钩，以提升企业的执行力。其实，"上有政策，下有对策"，很多时候这种做法只是在玩数字游戏，各项指标看似完成得很好，却不能达成企业的真正目标。

在我看来，真正的执行力一定要靠"信任"二字，只有企业上下共同努力，各司其职，有效形成合力，才可能获得真正的成功。我们也可以这样说：信任直接影响企业的执行力和应变能力，事关企业的生死存亡。

最简单的例子就是"一个和尚挑水喝，两个和尚抬水喝，三个和尚没水喝"，当庙里只有一个和尚时，他可以一切自己做主；当庙里有两个和尚时，他们通过协商来分工合作；可第三个和尚来了以后，问题就出现了，谁也不服谁，谁都不愿意干，结果就是大家都没水喝。这个小小的哲理故事，充分说明了一个团队如果没有信任，人心涣散，缺乏责任感是多么可怕。不仅没能做到人多力量大，反而直接集体撂挑子，执行力近乎为零。

那么，具体而言，我们应该如何提升执行力呢？我认为有三个方面：增强员工的责任心，提高个人的工作能力，营造充满信任的企业氛围。

首先，增强员工的责任心。要知道工作意味着责任，有了责任心，树立起爱岗敬业的意识，才能把客户需求、公司业绩放在心上，才会有强烈的动力推进工作，真正地完成任务。在一条马路边上有两个人，一个人挖坑，另一个人在后面填坑。路人看到后上前问道："你们这是在干什么？"一人回答说"我们在种树"。路人好奇地问：

"但我没看到你们种的树啊。"另一人回道:"我们本来是三个人,一个人挖坑,一个人放树苗,一个人填坑,今天放树苗的人请假了。"路人瞬间明白过来,感到既无语又啼笑皆非。

其实,在现实中,经常会有这样的现象。很多人往往只关注自己的一亩三分地,不懂配合,也从来不关心最终的结果是好还是坏,不关心自己有没有帮公司创造价值。归根结底,就是缺乏责任心。相反,一个工作态度认真、执行力强的人,永远不会讲"差不多""过得去""还可以"这样的话,因为做好自己分内的事是每个人应有的职业素养,也是执行力的基本要求。

其次,提高个人的工作能力。对于个人执行力而言,态度是关键,能力则是基础。一个人如果没有相应的工作能力,又何谈把一项工作做好?所以必须通过加强学习和实践锻炼,在工作中不断总结、不断摸索来增强自身的能力。此外,还要形成一种严谨、细致的工作作风,改掉心浮气躁、浅尝辄止的毛病。《道德经》曰:"天下难事,必作于易;天下大事,必作于细。"精益求精,把小事做细,把细节做精,才能不折不扣地执行公司的战略决策和工作部署。

最后,营造充满信任的企业氛围。有人说过:团队不是一群一起工作的人,而是互相信任的一群人。对于一个团队来说,凝聚力是最关键的,而凝聚力形成的关键就是团队成员之间的信任。一旦出现信任危机,团队凝聚力就会减弱,就更不用说执行力了。所以企业应当给员工营造开放宽松的环境,搭建一个让每个人发挥才华的舞台,使他们能通过积极工作获得自豪感和成就感,进而发挥企业管理的价值，使管理执行力最大限度地发挥作用。

在这里，我想和大家分享一个故事，可以充分说明我们公司员工的执行力。

大家都知道，马氏在每年年底都会举办一场盛大的年会，公司总部和各个分公司员工、众多投资人，以及嘉宾和外部的朋友们，都会受邀参加，往往都有上万人的规模。那一年是 2018 年，不知怎么回事，深圳举办大型活动的特别多，导致大型场馆排期很紧张，公司没能找到合适的场馆。当时我就想，要不就算了，等过完年再视情况而定。令我没想到的是，不仅是公司员工，我们的客户也强烈建议如期举办年会。因为对我们来说，这已是一种惯例，也是公司的文化。忙碌的一年过去了，所有人都希望获得公司的鼓舞，希望有一个"年终总结"，同时也走向一个新的开始。看得出，大家对年会抱有很高的期待。

听到了大家的心声，我经过慎重考虑，最终决定排除万难也要顺利举办年会，哪怕是在其他城市。我让子公司知崇文化牵头组织来完成这个任务。同时我的要求是：一定要以全球一流的制作水准、世界级的嘉宾阵容，呈现一场盛大且高端的年会，参加人数在一万人左右。此时，距离年会举办的时间只有一个月。

目标已经定下，然后就是考验团队执行力的时候了。一个月时间，要搞定场馆、邀约重量级嘉宾，还要策划和排练一系列舞台节目。针对这三大块工作内容，团队内部进行了高效、有质量的讨论和分工，最终大家都打下包票，全力以赴完成任务。

虽然场馆问题不是我们能决定的，负责的团队仍然积极开展工作，与深圳乃至周边城市的场馆负责人进行多轮沟通和协调，当然重点仍然放在深圳。所谓"念念不忘，必有回响"，有一场活动临时取消了，得益于我们团队的及时沟通，其场馆最终被我们顺利拿下。

邀约嘉宾也是重中之重，这可以体现出年会的品位。得益于马氏一直以来"无我、利他、专一、守信"的核心精神，我们广结善缘，乐于奉献，公司业务在各个领域顺利发展，甚至在国外也有巨大的影响力。经过一番不懈的努力，我们邀请了一大批世界名人，前日本首相鸠山由纪夫，前法国总统萨科齐，前澳大利亚总理陆克文，中国著名企业家、慈善家李小华，美国著名企业战略顾问、金融家波特·比伯，环太平洋商会、美国国际商业理事会创始人兼主席赫尔蒙斯·斯托纳等重量级人物向我们伸出橄榄枝，其规格也是史无前例的。

节目问题则掌握在我们自己手里，但仅一个月时间要策划十几个节目，而且要求达到一流水平，难度属实不小。一时间，所有人都被动员起来，积极挖掘文艺人才，紧张筹备表演节目。那段时间，大家一下班就投入节目排练，达到了忘我的程度，令我十分感动。我也献上了压轴节目，演绎了原创唱跳表演歌曲《道》，将流传千年的《道德经》变成 Rap 表演，可谓一次全新的尝试。正是在这样的氛围下，涌现出众多的优秀节目，刘心艺的《印度舞娘》、天问福德的《茉莉花》、天鼎的舞蹈《长白山》等。

一个月后，年会如期而至。我们真的呈现了一场世界级的盛会和演出，会场井然有序，场面庄严盛大。不仅有一万多人来到现场，也在互联网上引起了轰动。就在场馆外面，还有许多人因为座位不够而无法进入，他们听说年会的规格之高、名人之多，都想进来一睹风采，差点把场馆的门都弄坏了。

　　回想起来，我认为公司员工的执行力通过这场年会体现得淋漓尽致。这是我们长久以来积淀下来的默契，是企业文化和业务能力的集中体现。

　　值得重视的是，提升领导者的执行力，是提升企业集体执行力的先决条件。有一些企业领导者普遍存在认知误区，以为自己存在的意义就是"发号施令"，殊不知制度面前人人平等，团队之中的信任更是相互的。企业领导者只有身先士卒，以身作则，才能凝聚人心，汇聚力量，做到让所有人都有水喝。

家庭中的信任

自古以来，家庭和睦，都是一个家族兴盛的根本。《礼记》曰："父子笃，兄弟睦，夫妇和，家之肥也。"假如我们在家庭矛盾上耗费了过多精力，哪里还有心思、有能力去做其他事情呢？

我们现在也常说，家和万事兴。一段幸福的婚姻，需要夫妻之间的信任、理解和包容，也需要双方用心经营和维护。这个用心，并不是说绞尽脑汁、想尽办法，而是用真心和诚心去换取对方的真心和诚心，用信任回报对方的信任。夫妻双方拥有共同的立场，能一起携手面对生活的种种困难。

在家庭亲密关系中，最核心的基础就是信任，许多家庭往往就是毁于怀疑和猜忌。《红楼梦》里抄检大观园时，探春说道："可知这样大族人家，若从外头杀来，一时是杀不死的，这是古人曾说的

'百足之虫，死而不僵'，必须先从家里自杀自灭起来，才能一败涂地！"如此强盛的大家族尚且如此，普通家庭就更不在话下了。

我们要明白，家庭是不同人生的组合体，由成长轨迹并不相同的一男一女所组成，而组成家庭的目的就是创造幸福的生活。为了家庭的幸福，每一个人都带着自我认知、自我的思想和行动去经营家庭，但许多人却在追求幸福的路上迷失了方向，从而与幸福擦肩而过。例如，一个人没有受过爱的教育，或者在原生家庭中就没有得到过关爱，不懂得信任为何物，这些因素都会成为他追求幸福家庭的障碍。

当今社会，离婚率居高不下，尤其是在经济发达的地方，离婚已经成为一个普遍现象。每一位离婚的当事人都有自己的理由，但绝大多数人却不明白当初结婚的原因是什么！其实结婚是因为爱，因为信任，甚至是因为双方都具备现实的条件。面对这样的婚姻状态，怎样维持幸福，就成了双方最实际的问题。

爱是付出，爱是包容，爱是一种责任。爱是不求回报的付出——做好自己，不管对方如何伤害，"善者吾善之，不善者吾亦善之"。在这种"爱"面前，不管对方有什么缺点，都不去计较，而是共同促进、共同进步，为彼此呈现一个更好的自己。

曾经在"秋言物语"直播间，有朋友向我提问。她和丈夫的婚姻存在很多问题，但为了孩子一直没有选择离婚，孩子也觉得家庭很幸福。如今孩子大学毕业，也有了工作，她想要离婚，要不要把真实情况告诉孩子？

　　我非常理解这位朋友的感受，夫妻之间存在问题却得不到解决，自然会产生更多的矛盾和冲突，如果没有办法疏解和发泄，内心的煎熬和痛苦也会与日俱增。但我希望这位朋友能明白：无论孩子现在多少岁，是否已经大学毕业或者工作，他们在内心深处对父母的依赖都是不变的。所以，父母的婚姻状况、家庭关系的变化等，都会在一定程度上影响孩子，或增加他们的心理压力，或影响他们的学业工作，甚至改变他们对于某些事情的态度和选择。

　　面对这种情况，不要只想着孩子长大就离婚，而要有更多的包容心，解决彼此间的问题，共同建设幸福美满的家庭。除此之外，我们还要知道，离婚不一定是解决问题的最佳办法。我们付出时间、情感经营家庭，轻易地放弃当下，不一定就会有好的未来；努力修复当下，反而可能让家庭越来越好。

　　有些人经历过几段婚姻，仍然无法解决家庭矛盾和冲突，这是因为缺乏包容心和自我的觉知。他们错误地认为，离婚能解决婚姻中的问题。殊不知，旧的婚姻问题看似解决了，新的婚姻问题又随之出现。正所谓"万事由心生，万物由心造"，如果无法正视内心、解决问题，那么，永远都无法经营好婚姻生活。

古人很早就告诉我们，夫妻相处之道乃是"相敬如宾，生生相惜"。既然缘分让两个人走到一起，就要"有福同享，有难同当"，要"风雨同舟，福祸与共"。如今夫妻矛盾经常见诸报端，归根结底，就是我们没有学会古人的智慧，没有体会到传统文化中所阐释的道理。

　　就如《道德经》言："长短相形，高下相倾，音声相和，前后相随。"其根本就在于"阴阳合，大道生"，这也是情侣、夫妻间的相处之道，只有两个人相依相随、互促互进，才能维持爱情、婚姻的和美。

　　我有一位朋友，每次他去出差，哪怕工作行程多繁忙，也会每天抽空与妻子通电话，而且几十年来都保持着这个习惯。因为他理解妻子操持家务的不易，即便没办法陪伴在妻子身边，也要通过电话问候让她安心、宽心。在我看来，这就是夫妻之间最好的相处模式，彼此感恩、理解和支持，爱情和亲情一定会永恒存在。

　　一段美好的婚姻关系，不仅要有爱情，更要有信任。因为婚姻就如同两个人结伴携手负重登山，只有彼此之间充分信任和共同努力，才能顺利到达顶峰。夫妻之间的感情，不是要爱得轰轰烈烈、缠绵悱恻、形影不离，而是平淡的细水长流，是彼此之间的相濡以沫，是信任，是理解，是包容，是沟通和责任。

　　夫妻之间的相处之道就是充分的信任。夫妻双方彼此信任，婚姻方可长久。遇到事情有商有量，凡事不以自我为中心，互相理解，互相包容。所谓"夫妻同心，其利断金"，只要夫妻双方达成共识、共同进步，再大的困难都能迎刃而解。即便家庭条件暂时不理想，也会随着大家的努力而改变，生活会越来越好、越来越幸福。

家庭中的信任还能营造一种宽松的环境，对下一代的成长有着深远影响，因为信任本身就是一种积极的、具有鼓舞作用的教育方式。它能让孩子充分解放自己，发挥自己的想象力，大胆地去做自己想做的事情。在一个幸福美满、和谐温馨的家庭中长大的孩子，会更加自信、阳光开朗，对生活充满热爱。

第五章

如何树立声誉，成为行业翘楚？

品牌与信任

　　提到吃火锅，我们会首先想到海底捞；买手机的时候，会马上想到华为；当需要购买空调时，可能首先想到格力；买运动鞋时，又会想到李宁。这种现象可谓比比皆是，因为我们所选择的其实不是产品，而是"品牌"。其背后的逻辑是：因为信任，所以选择。

　　对于现代企业来说，良好的"品牌形象"已经成为参与市场竞争的有力武器，是企业经营中不可或缺的一环。许多企业赋予品牌美好的情感、细腻的文化，使品牌在消费者心目中形成美好的记忆，潜移默化地影响着他们的消费习惯。

　　所以，树立品牌其实就是建立信任的过程，拥有良好品牌形象的组织，能赢得人们的信任。在古代，孟母三迁，最后还是搬到了学宫附近，这个选择让孟子变得守秩序、懂礼貌、喜爱读书。而现在，好的学区房已经成为稀有之物，价格居高不下。这就是一所好学校所带来的影响力。

品牌是一笔宝贵的财富，是企业资产的重要组成部分。品牌估值已经成为企业估值的重要参考，在企业并购、交易的过程中发挥着不可或缺的作用。企业要想长久、稳定地经营下去，就必须树立起一个有力的品牌形象。

首先，品牌实质上是企业对消费者的承诺。有一些企业在承诺方面总是遮遮掩掩、避重就轻，其实打造品牌就是要勇于承诺，从品牌的外在形象到产品质量，都应该体现出对消费者负责任的态度。

特别是在企业发展的初期，通常会面临一个选择题：是注重产量，还是注重质量？对于这个问题，早在20世纪80年代，海尔就用实际行动告诉我们，严抓质量才是正确的做法。那时，一位消费者反映海尔冰箱有质量问题，创始人张瑞敏和员工一起，公开用大锤砸毁了76台有质量缺陷的冰箱。这一行为，敲响了员工把控质量的警钟，砸出了消费者对海尔的信任，也砸出了海尔品牌的未来。从此以后，海尔迈出了飞速发展的步伐。2001年以后，海尔连续五次登上"最具价值中国品牌100强"榜单，如今海尔也成为"《财富》世界500强"的常客。

其次，文化传承也是打造品牌的重要因素，世界上很多百年老店之所以能延续至今，与其重视文化传承密不可分。并且，在传承文化的同时做到与时俱进，根据各个时代不同的需求衍生出各类产品，让品牌影响力得以持续提升。

我们可以看到，在一代一代传承的过程中，有些家族发展得非常兴旺，但有句老话说"富不过三代"，这是为什么呢？因为在传承的过程中，我们忘记了最根本的东西，那就是文化。文化是我们的精神支柱，更是一个家族、一个企业，甚至是一个国家的灵魂。这也是为什么我一直强调，要致力于吸收和传承中华优秀传统文化，并使之凝结成为我们公司独特的企业文化。对于一家企业来说，真正的传承，必须做到"硬件""软件"兼顾，硬件就是经济发展，软件就是文化建设。比较而言，前者是果实，后者是土壤，没有土壤就无所谓果实，所以要特别呵护我们的土壤，才能硕果累累。

再次，品牌还体现在商业价值上，一家企业的文化是否深厚也体现于此。知名品牌可口可乐的前任董事罗伯特曾说，即使可口可乐公司被大火焚毁，他依旧可以在第二天贷到足够的钱，重建可口可乐的生产线。因为可口可乐这个品牌，几乎就是碳酸饮料的代名词。

今天，马氏盛族已经成为一家多元化跨国集团，业务布局全球，在中国、新加坡、美国、加拿大、英国等 37 个国家和地区迅速发展，而且形成了资源互补、紧密协作的产业链，涉足大健康、新零售、信息安全与量子科技、元宇宙、国际文化教育等产业。全球最热的五大科技赛道中，我们进入了四个：人工智能、生物科技、量子科技、半导体。正是得益于这种永不满足、积极开拓的企业精神，马氏盛族赢得了广大投资人和客户的信任。我在创业之初曾立下一个"军令状"：如果有人在和马氏的合作中亏损，我个人将拿出100万元予以赔偿。十余年来，这笔钱从未被领走过。

最后，品牌还与企业成员的个人形象有关，尤其是和创始人的个人形象密切关联。众所周知，一个良好的形象可以令人赏心悦目，能体现一个人严谨细致的作风和为人处世的态度，我要求公司每一位成员都懂得"庄严自己"，因为不管是谁，都代表着公司整体形象。

作为马氏的创始人，我对自身有着清醒的认知和定位。我的所作所为从来都不是从个人角度出发，而是与马氏这个大家庭同呼吸、共命运，可以说我就是公司的代言人。曾经有人劝我，现在公司发展得这么好，不再需要我这么拼命了，可以暂时放下工作，去游览祖国的大好河山。甚至有人觉得我很可怜，一个人领导这么大的公司，还要忍受工作压力、情感孤独等。其实，我从来不觉得自己孤独、可怜，也不想浪费时间游山玩水，我的人生实际上非常充实，因为我所做的一切都是无我利他的，是有价值的，能够带给人们幸福和喜乐，所以我会感到加倍的幸福和满足。要知道，许多流传百年的品牌，创始人都是倾心竭力，把生命奉献给事业。我希望马氏能成为这样的品牌，自然要向他们看齐。

一直以来，我都是一个非常注重形象管理的人，即使在假期或休闲时间，也会把衣着打理得干净利落。值得注意的是，良好的形象并不意味着穿高档品牌的衣服，或是选择高级造型师做发型，我认为只要分清场合、把握分寸，精致得体地展现个人风貌，就是最好的、最适合自己的形象管理。

另外还要了解的是，形象管理只是个人品牌的表象，很难经得起时间的考验。要想真正树立起个人品牌，必须从丰富内涵和美善心灵入手，因为只有由内向外散发的魅力，才是值得欣赏的、能够持久的个人魅力。为什么我要坚持4000多天和大家一起分享自己的所知所想？因为在这个过程中，大家对我的提问和反馈，能让我认识到自己的不足，让我在觉悟中进步和成长，也让我保持一份责任心和使命感。

记得我刚来深圳创业的时候，有一次，明明出门前是晴空万里，当我下公交车时却下起了瓢泼大雨。我没有带伞，头发、衣服，连同包里的东西都被淋湿了，在这种情况下我还能不能到公司正常工作，"心"就起到了决定性的作用。我想，就算淋湿了也没关系，我有办法可以解决。记得当时我一到公司，马上拿毛巾把头发擦干，又从隔壁的美发部借了吹风机把衣服吹干，一切处理完毕，我照样保持良好的状态开启一天的工作。为什么我要这么做？其实我完全有理由先回家换身衣服再去上班，但当我想到制订好的工作计划，想到那些如约前来的客户，我的"心"告诉我，要守住这份诚信与责任。所以说，人要有积极向上的精神，有责任心和使命感，在任何情况下都不能忘记，更不能放弃肩负的任务。

"点滴成江河，行远必自迩"。时间飞逝，时代的浪潮滚滚向前，如今马氏已经成功树立起良好的品牌形象和信誉口碑。不仅是我们的客户，还有广大知名媒体、报社都对我们好评如潮，给予我们非常大的信任。未来，我们将一如既往，默默耕耘，不辜负大家对我们的期望。

少不入川，老不出蜀

信任经济

你知道中国最"幸福"的城市是哪一座吗？没错，就是我的老家——成都。从2009年到2021年，成都连续13年荣登"中国最具幸福感城市"榜首。

俗话说，"少不入川，老不出蜀"。到了成都，才知道什么是生活！这里气候宜人、物产丰饶、包容多元。自古以来，锦官城作为"一座来了就不想离开的城市"，汇聚了众多流连于美景、美食和街头市井的游客与市民，聚集了多少烟火气和人情味。

3000多年城址不变，2500多年城名不变，成都作为中国十大古都之一，经年累月流传下来的是"进退自如，浮沉自安"的慢生活。川菜、火锅、茶馆、酒吧，大熊猫故乡、都江堰、青城山，武侯祠、杜甫草堂、宽窄巷子、金沙遗址，成都的宜居特质数不胜数，让人流连忘返。如今，"天府之国"的美誉传遍全国甚至全世界，无数国内外游客慕名而来，许多青年才俊也选择在这里安家立业。

成都，成功打造了一座城市的品牌和声誉，吸引了全世界的目光，获得了世人的信任和肯定。

雪山下的公园城市，烟火里的幸福成都。这是成都最新的城市品牌宣传口号，"烟火"代表着这座城市的商贸与经济繁荣，"幸福"

则是"以人为本"的城市理念。幸福成都，一方面体现在良好的生态环境，另一方面也"美"在精神文明。舒服、安逸、时尚是成都从骨子里散发出来的气质。

成都的文化气质具有多重性，拥有古朴典雅的遗风、时尚开放的气度，更有海纳百川的襟怀。在这里，自然与城市和谐共生，历史与现代完美契合，彰显出了独特的文化底蕴。如果要用一个词来概括，那就是"闲适"。如今的成都，位列中国新一线城市榜首，有着"世界最长城市中轴线"，是仅次于北京和广州的大学生最想就业的城市。《2018—2019 中国城市安居指数报告》显示，成都超越北上广等一线城市，位列第一。

成都的魅力，我自然深有体会，因为我就是一个"成都姑娘"。可以说，成都塑造了我的童年、少年以及青年时代，更深刻地影响了我的思想内核，比如我对中华传统文化的追求就源于少年时代。20 世纪 80 年代，我就是从这里出发，前往海南追寻自己的理想。而今，我身处中国改革开放的最前沿——深圳，这同样是一座值得托付的城市。

早在 20 世纪 80 年代，深圳经济特区刚刚成立，我就希望能来深圳打拼，当时因为种种条件的约束，再加上自己缺乏足够的勇气，最后不了了之。虽然错过了最好的起步阶段，但在 2005 年，我最终还是来到了深圳这片热土，成为千千万万打工人中的一员。

我在《秋言物语》中写道，"我曾一度感到，来到深圳就像踩上一条火线，你只有不停地向前奔跑，才不至于被脚下的火线烫伤双脚"。如今，我越来越喜欢和享受深圳的快节奏，因为在这个朝气蓬勃的现代化城市里，只有不断地拼搏、奋斗、前进，才能更好地融入，体会有滋有味的深圳生活。

毫无疑问，深圳与成都是不同的，作为一座"年轻"的城市，这里从一开始就是一片热血之地，热血的年轻人，热血的梦想，热血的世界。

我常常在上下班的路上，看着窗外的景象陷入沉思：深圳这座城市，马路两旁的绿化植物，一年四季绿意盈盈，处处都是生机盎然。可以看到，在深圳华强北，年轻的打工人在马路上穿梭奔走；各个办公大厦里，无论年龄大小的职场人，都在自己的岗位上发光发热。深圳从来不会埋没任何一个人才，只要你愿意为这个城市和企业创造价值，你的才能都有可用之地，你的能力就有发挥之处，你的人生价值最终也会慢慢实现。

即便是反反复复的疫情，也无法让这座城市屈服。最近，一些画面让我感触颇深：疫情后发布居家办公通知，有些人拿着电脑在人群中穿梭，他们没有选择走更宽敞的大路，而是搬电脑直接跨越铁栏杆，这对他们来说是更便捷的方法；还有一些年轻人，怕被居家隔离无法工作，干脆带上自己的洗漱包和被子住到公司。深圳这里，竞争压力大、生活工作节奏快，但大多数年轻人都活得很明白，一旦自己的工作停下来了，可能就会影响公司的正常运转，进而影响自己的收入和工作稳定性。

我刚来深圳时，也是一无所有，兜里只有爸爸给的几千块钱。当时，海南创业失败的阴影还萦绕在我心头，而且家里人并不看好我，都劝我留在老家安心工作。虽然心中备受打击，但我还是毅然决然地来到这里，一切从头开始。

刚到深圳时，很多事情我都做不好，连公交车都会坐错方向，更害怕自己没有高学历、不会讲英文和白话而被拒绝，只能怀着忐忑不安的心情去求职。结果出乎意料，我的那些顾虑根本不值一提，相反我的经验和能力被肯定，很快找到一个合适的工作单位。于是我放下以前当管理者的姿态，兢兢业业做好本职工作，跟随优秀的同事学习先进技能。并且我坚持每天读经典，业余时间还会去做义工。现在回想起来，过去的每一天都非常充实，而且不断进步。

这些艰苦又充满斗志的时光，这些成长道路上的印记，至今都铭记在我心中。经历了十多年的奋斗，我有了今天的成就，也成功改变了很多人对我的评价和看法。

如今，深圳的拼搏、奋斗、奉献精神，已经越来越深入我们的骨髓。每年，仍然有来自五湖四海的人，怀抱着各自的梦想，说着各不相同的方言，把家乡的气息带到这里，一步步扎根，形成独具特色的深圳文化。如果你问我，什么是深圳的城市品牌？我想这是一座造梦之城，承载了无数人的梦想。

企者不立，跨者不行

近年来，中医作为中华文化的瑰宝，日益受到美国主流社会的欢迎，在美国几乎所有城市都有不同规模的中医诊所，数量之多远非国内民众可以想象。60%的美国人表示，他们乐于把针灸作为治疗的一种选择，许多好莱坞明星和篮球巨星都非常认可中医，甚至美国军方也开始大力运用中医针灸等。

这都得益于中医在医疗和健康领域独特的治疗效果，讲究标本兼治的中医，善于从整体上把握并解决问题。可以说在国外，中医已经成为认识中国的一个方面，在治病救人、传承中华传统文化上有着重要意义。从中医说到企业，道理是一样的。企业如何树立良好的品牌形象？中医传承至今已经有数千年，可谓博大精深、历久弥新，所以品牌形象的建立"欲速则不达"，它一定是一个长期经营积累的过程，必须有清晰、连贯的实施计划。

在塑造品牌形象时，体现品牌的独特性也十分关键。如果品牌形象与其他品牌过于相似，就难以在消费者心中留下深刻的印象，甚至落入有意模仿的尴尬境地，沦为"山寨货"。这就是品牌的定位，就如茅台贵在"品质"、王老吉可以"降火"，以及格力的"掌握核心科技"。

另外，品牌形象关系到企业的长远发展，是一个战略性问题，需要自上而下由企业高层领导者来主导品牌管理事务。必须把企业愿景、价值观和经营理念等企业文化，与品牌形象相结合，并恰到好处地展现在消费者面前，树立企业独有的、鲜明的品牌形象。

如我之前所说，产品质量是品牌的基石，打造世界级品牌，首先就是要有匠心精神，做好产品和服务。我们说，产品就是人品，做质量就如做人，没有优质产品和服务的支撑，就算投入再多精力搞品牌营销，也无法树立起一个优质的品牌形象。

对于马氏来说，我们认为"人"就是一家企业最大的品牌，因为无论是企业文化还是商业价值，都来自"人"。只有基于对人的信任，才会有后续的企业合作、商业行为等。正如可口可乐可以随时重建一条生产线，凭借"马小秋"三个字，我也能随时创办一家公司，依然会有许许多多人才愿意与我共事，有忠实的客户愿意再续前缘。这是因为，创业十几年来，我始终鞭策自己，倾己之力、尽己之能，知行合一，利他助人，在奉献自己的同时也累积了深厚的福报。

《道德经》中有言，"致虚极，守静笃"。虚空无色、无味、无象，但一切都为其所用。人也应该如此，起心动念要无我利他，在奉献付出的过程中爆发能量。正是因为我们做到了这一点，公司的发展越来越好，好消息也不断传来，这是道法自然的结果。

了解我的读者都知道，我不仅开公司，还写歌、著书、拍电影，并且小有成就。小时候，我在父亲的熏陶下爱好文艺，喜欢上了诗歌、演唱等，这些兴趣爱好一直伴随着我的人生，并在不同阶段发挥着作用。我一直认为，音乐可以传递热爱和希望，连接人们的情感，治愈人的心灵。无论是传统文化、爱国主义，还是人类情怀，都能通过音乐来传递。2020年5月，我创作并演唱的歌曲《惟愿》得到了大家的喜爱，全网点播超10亿次，还被媒体称为"全球抗疫第一歌"。此外，我还举办过多场演唱会，现场表演我创作的音乐作品。改编自《道德经》的Rap歌曲《道》，将古典音乐与现代流行音乐相结合，既利用了流行音乐的优点，又彰显了传统文化的内涵。

《秋言物语》三部曲，则源自我内心最真实的想法和情感。我在工作之余，一直保持着写作的习惯，不管是平时的灵感忽现，还是清早起床后的惯性行为，我都将之忠实地记录下来。久而久之，就凝结成了《秋言物语》文集。我从中华传统文化中汲取养分，从一次次"成功—失败"的创业经历中积累素材，毫无保留地分享我所认知的人生真理，也将传承和发扬传统文化的心愿散播于人世间。

最近几年，我还率领公司进军电影行业。2020年，我收购美国家庭电影奖，并成为"终身主席"。对于电影领域，很多人只看到表面，并不了解其中深意。要知道，与国际电影节接轨，带给我们的不仅是文化的传承与弘扬，还有与西方文化的融会贯通，并以此丰富我们的文化生活、开阔我们的眼界思维。而乘着"家庭电影奖"的东风，"马小秋"这个名字也走向了国际，代表我们公司为世人所熟知。自然而然，很多商业机遇、商业合作也就由此产生了。而更重要的是，我们有机会带着中国文化"走出去"，向世界讲好中国故事。这也是我的人生使命。

如今，随着华宇中国的创办、《秋言物语》英文版的发布，以及 MXQ 生命水事业的顺利开展，可以说，无论是在好莱坞还是在华尔街，"马小秋"都已成为一张独特的名片。

为什么我要做这么多事情呢？因为"居高声自远"，如果没有达到一定的高度，发出的声音就没有人听到。作为一名企业家，我代表的不仅仅是我个人，还有整个公司，我肩负的是所有客户、股东、员工的信任与支持。为了让追随我的人看到方向，为了让相信我的客户看到希望，我必须树起一面旗帜，屹立于风中而不倒。这是我与生俱来的使命感，是为了传播"普利大众，兴业济民"的企业理念，也让更多人认同我们，向世界讲好中国故事。

《道德经》中有言："企者不立，跨者不行。"接下来的十年，我们一定要踏实稳健，不能只顾奔跑，而要学会把根基扎稳。"聪明的人往往知道自己该做什么，而智慧的人一定知道自己不该做什么。"在树立品牌形象的过程中，一定要以信任为前提，不忘初心，方得始终。

网络时代的信任

    2021 年 7 月河南遭遇特大暴雨灾情，全国各地紧急响应，开展支援。在众多支援企业中，鸿星尔克脱颖而出，虽然不是捐款最多的企业，却受到广大民众的极力表扬和"宠爱"。其中缘由，是因为网友认为，印象中"经营窘迫"的鸿星尔克，却一下子捐出了 5000 万元物资，就好比一个生活窘迫的人捐出了所有，其精神更值得敬佩和赞扬。

    一夜之间，鸿星尔克成了"国货担当"，每个人都在用实际行动回馈它。一家久未开张的鸿星尔克门店被消费者挤爆，有人消费了500 元，却扔下 1000 元就转身冲出门店；其网络直播间货品被"一扫而空"后主持人只能陪网友聊聊天、唱唱歌。网友们热情高涨，在线上和线下都掀起了"野性消费"的浪潮。

其实，默默做好事的低调民族品牌不只鸿星尔克，还有许多企业也一直在默默地奉献，它们"赚得不容易，捐得不吝啬"，面对灾难慷慨解囊，积极伸出援手，勇担社会责任。正所谓"雁过留痕"，这些事迹都被我们铭记在心里，潜移默化，转化成大众对品牌的一种信任。

如今，我们处于移动互联网时代，信息传播一日千里。在网络的加持下，一个品牌可以非常迅速地建立起"信任"，也同样可以迅速地失去大众的信赖。比如 2015 年轰动一时的"青岛大虾"事件，网络舆情快速发酵，使得青岛的旅游城市形象遭受重创，"好客山东"的品牌也几乎毁于一旦。

那是 2015 年国庆节期间，游客朱先生走进一家海鲜烧烤店，点了一份"海捕大虾"，标注价格是 38 元。他还特地问了店员，这是不是"一份"的价格，店员表示"是一份的价钱"。没想到结账时，账单显示 38 元的大虾却变成了 1520 元。这时店员拿出朱先生刚刚点单用的菜单，只见最下面有一行小字：以上海鲜按个计价！朱先生顿时头大了，千防万防，没想到还是被宰，多番理论无效后他选择报警。警察来了之后却表示，这事归物价局管，他们没有执法权。朱先生又致电物价局，物价局则说他们已经下班了，让朱先生报警解决，或者等到第二天他们才能处理。最后，经过警察调解，朱先生总共付了 2000 元，才得以脱身。

越想越不是滋味的朱先生，把事情经过发到了微博上，一下子就成为热点新闻，引发了全国网友的关注。在舆论的监督下，相关

部门迅速行动起来，对烧烤店处以 9 万元罚款，还对价格主管部门启动了问责机制。但此时一场围绕"青岛大虾 38 元一只"的大讨论，已经在互联网快速上演，社交媒体"碎片化""快速化"的特点，让整个事件的发酵超乎意料，也带来了严重的后果。

作为一家企业，如何应对这种挑战呢？《道德经》曰："是以圣人执一，以为天下牧。"不论世事如何变化，圣人都能够执守大道，用来治理天下。对于企业管理者来说，无论互联网如何发展，都始终要秉持一个观点：坚持做对的事、用对的人，一切就会朝着理想的方向发展。

那么，做好人、做好事的标准又是什么呢？我认为做好人好事，最基本的标准就是无我利他，能够善待他人，为他人着想，主动站在他人的立场上思考、做事。对于一家企业来说，要做到善待关照自己的员工，忠实地为客户创造价值，并切实履行社会责任。最重要的是，做好人好事不能计较个人得失，也不要总是指望有所回报。因为功德福报不是和别人交换得来的，是自己用汗水、心血和劳动换来的，只要主动付出，去爱别人，帮助别人，自然而然会有好的回报。但如果以"回报"为出发点去做人做事，那么我们所做的一切都将化为乌有。

大家知道，我的"秋言物语"直播分享，已经坚持 4000 多天了。有人问我，做直播是为了获得什么回报吗？一直以来，我坚持分享的根本且唯一的目的就是传播思想文化，传递正能量。只要我说的话、我做的事，能够对别人有所帮助，那我就感到无比快乐了，还要乞求什么回报呢？但也不能否认，正是因为我的坚持和付出，让我结识了很多志同道合的朋友，与事业上的很多贵人结缘。他们在我最困难的时候，给予了很多帮助和支持，助力我获得今天的成就。

当然，很多时候我们做好了自己，但依然会产生误解，比如我们公司在2018年互联网金融行业危机时，就遭受到了质疑。这个时候，如果认为自己没有犯错，而选择漠视危机，就只会丧失主动权，令危机扩大化。要知道，对于纷繁复杂的网络世界来说，"清者自清"已经不适用了。

所以，当这种情况发生时，企业要秉持"快速"和"真诚"的危机处理原则，尽快与公众沟通，说明事实真相，促使双方互相理解，消除疑虑与不安。俗话说，好事不出门，坏事传千里。在企业危机出现的24小时内，消息就会以裂变的方式在网络上高速传播，因此企业必须当机立断、快速反应，与媒体和公众沟通，从而迅速控制舆情。所谓"真诚"，就是要以事实为依据，保证社会大众的知情权，信息发布应当全面、真实，态度诚恳，以获取公众的信任。

同时也要善用网络的力量，我们可以通过接受权威媒体采访、直播走进企业等方式，澄清谣言，还原事实真相。

祸福相依

无论是工作中还是生活中，我们都会遇到失去他人信任的情况。比如，工作上答应给同事发文件，结果忘记了，同事就会觉得你是个不靠谱的人；或者，你一个无心的小小谎言，给别人带来巨大的伤害，他可能就不再相信你。这个时候，你会发现"曾经沧海难为水"，想要重新获得别人的信任，不是一件容易的事情。

但是，作为世界上极为珍贵的东西，信任有着不可思议的力量，不管重建信任的过程多么困难，也绝对值得我们付出努力，化危机为契机，让一切回归正轨。

首先要勇于承认错误。所谓浪子回头金不换，当你因为失去信任而后悔莫及，渴望重新获得信任时，说明你对自己的错误已经有了认识。但想要重新获得信任，就需要行动和转变，沉浸在痛苦和失望中只会使人消沉，唯有努力才能赢得希望。

重建信任是一个经受考验的过程，需要付出数倍的心血和更大的代价，而且过程更为漫长。这是因为破镜难圆，覆水难收。你只能实实在在地努力，诚诚恳恳地改正错误，端正动机，来不得半点虚假，如此别人才能看到你的实际行动，改变对你的看法。这就像马拉松训练一样，做出承诺，坚持到底，每天做正确的事情。

2017年8月，一篇记者的暗访报道将海底捞推上了舆论的风口浪尖。这篇报道曝光了海底捞某门店的卫生安全问题，比如后厨有老鼠爬进食柜、清洁工具和餐具放在一起、洗碗机内部闻到腐烂的气味、用火锅漏勺清理堵塞的下水道等现象。食品安全大如天，一时间，海底捞面临重大的信任危机。

事发后不到三个小时，海底捞发布了致歉信，两个多小时后又公布了处理通报。首先坦然承认报道属实，表示愿意承担经济责任和法律责任；主动从公司管理制度中寻找原因，涉事门店及员工需按照公司制度要求进行整改并承担相应责任；公布一系列整改措施和具体负责人的职位、姓名甚至联系电话。经过一个月整改后重新开张的门店，消费者可以通过监控，实时查看后厨的卫生情况。

至此，海底捞将这次公共危机成功化解，出现问题的门店也很快恢复了往日的热闹，消费者重新对其报以信任，舆论也对其一片赞赏。

回顾此次事件，我们可以发现，海底捞在致歉信中并没有使用"偶发、意外、仅此一次"等公关常用字词，反而坦白称"每个月我公司也会处理类似的食品安全事件"。所谓金无足赤，企业向公众公开真实情况，敢于直面错误，勇于负责，并积极寻求补救方案，这是诚信的表现，企业的品牌形象也会得到加分。

此外，海底捞对于涉事门店及员工的处理更为消费者所接受并称赞。在海底捞看来，企业出现问题都是管理者的原因，管理不到位，员工的执行才会出现漏洞。这与我们公司倡导的"上行下效"，管理者要时时"行有不得，反求诸己"是一个道理。

当然，做出承诺是一回事，能不能做到又是另一回事，这也是企业处理危机时最为重要的一点。针对报道中揭露的后厨卫生问题，海底捞切实整改，并在餐厅中安装设备对后厨开展实时监控，实现了后厨的公开化和可视化，让大众可以放心消费，可谓用心良苦。

俗话说祸福相依，企业一旦出现公共危机，常常关乎品牌的信誉、企业的生死存亡，必须谨慎对待。而对于能够快速反应、积极面对的企业来说，危机也是一次赢得大众信任的契机。

在我们公司的发展历程中，也经历过许多重大的考验，这当中就包括 2018 年的事件。那一年，复杂的宏观经济形势和快速变化的网贷环境，给很多网贷平台带来了巨大的压力，"爆雷潮"令人触目惊心。为了保障借款人的利益，监管部门迅速制定了一系列政策，以规范市场。整个互联网金融行业面临巨大挑战，特别是全国互联网金融体量最大的深圳更是有种风雨欲来的感觉。

受到外部大环境的影响，我们公司的业务也遭受质疑。相关监管部门来到公司调研，核查公司的账目，问询公司的员工。而网络上也出现了关于公司的大量负面报道，最多的一天高达 27 篇。一时间，公司陷入监管和舆论的双重不利处境，重点是员工和客户将如何看待我们？

俗话说"身正不怕影子斜"，我深知公司的业务运行良好，我们一直以来也是奉公守法、光明正大，并不存在欺骗客户等行为，只不过是大环境的变化才导致质疑产生。所以"既来之，则安之"，我们不急不躁，选择正面回答所有疑问。一方面调集员工加班加点，积极配合监管调查；另一方面成立了专门的舆情应对小组，针对各大媒体提出的质疑，给予详细的解释和回应。那段时间，虽然公司上下都承受着巨大的压力，但没有一个员工临阵脱逃，也没有一个客户放弃与我们的合作。

最后，历经一年多的监管调查，风波消于无形。不仅如此，在监管部门的指导下，我们完善了公司的制度和业务体系，使得公司业务更加合规、更加具有系统性，也更加符合时代发展和客户的要求。这次危机没有打垮我们，反而使公司发展上了一个新台阶。

我常说，我们公司是在优秀传统文化的沃土中成长起来的，企业的核心文化就是"向善"，是"无我、利他"，是"专一、守信"。我们将员工视为公司最宝贵的资产，并坚持为客户创造价值，从来没有一个员工被拖欠过工资，也没有一个客户在合作中亏损过一分钱。因为我们的发心是正确的，并长期付诸行动，做无我利他的事情，全心全意为人民服务，才能支撑企业健康长久地走到现在。

　　所以，信任从来都不是别人给的，而是自己一点一滴构建起来的。归根结底，他人对我们的信任就源于我们自身，这个世上没有无缘无故的爱，也没有无缘无故的恨，更没有无缘无故的信任。我们所要做的，就是全力以赴，呈现一个全新的自己，改变别人对你的看法，重新构建起更加牢固的信任。

　　有句话说得好：信任就像一张纸，揉皱了，就再难抚平了。我们要知道，重建的信任，多多少少都和以前不一样了，因为对方或多或少都在心底留下了一个疙瘩、一个阴影，只是没有表现出来。所以，我们最应该做的，是从一开始就不要辜负别人的信任。

第六章
如何无我利他，共建信任社会？

世界大同的理想

2022 年，新冠疫情依旧肆虐全球，持续变异的毒株不断卷土重来，与全球各种现实矛盾深度交织，灾难频发，战乱不止，生命逝去。全球局势更加变幻莫测，世界在纷繁复杂的冲突中蹒跚而行，人类的前途与命运究竟在何方？

确实，疫情改变了这个世界，也改变了我们对世界的看法。在疫情面前，没有哪个国家能置身事外，没有谁能独善其身，我们都深刻地感受到，人类社会联系越来越紧密，已经成为一个难分彼此的"命运共同体"。而息兵止戈正是全人类的共同心愿，和平与发展才是我们追求的永恒主题。

中国古代的圣人很早就提出"天下大同"的政治理想，《礼记·礼运》曰："大道之行也，天下为公。"这是一种人人友爱互助、家家安居乐业，不战不乱、无贼无匪的社会形态，也就是我们现在所提的"人类命运共同体"的思想核心，是全球范围内的政治、经济、科技、文化融合，人们有着高信任度的理想社会。

简而言之，"世界大同"即"信任社会"，信任是建立大同社会的基石。与我们每个人都息息相关，我中有你、你中有我，必须心怀慈悲，学会彼此尊重、爱护和帮助。

如今，我们国家正朝着这个方向迈进，这种理想靠什么来实现？只有靠我们的传统文化、老祖宗的智慧、中国人的精神才能实现。

《道德经》中有言，"合抱之木，生于毫末；九层之台，起于累土；千里之行，始于足下"。万事万物起于忽微，最终以量变达成质变。实现"世界大同"，打造"人类命运共同体"，也是如此。人类社会就是一个"地球村"，在这里有几十亿人口，组成千千万万的家庭，建成大大小小的国家，彼此间谋求互利共赢、和谐共处，形成一个联系紧密的"共同体"。

可以说，中华传统文化有着超越时空的智慧，不仅历史悠久、博大精深，还经过历史长河的反复洗礼，蕴含着亘古不变的真理。从个人修身、齐家到治国、平天下，莫不兼容并蓄、海纳百川。

有人曾问我，改革开放以来，中国人民通过艰苦奋斗、勇敢创新突破了一道道艰难险阻，成功开辟了一条走向繁荣富强的新道路，为什么还要学习中华优秀传统文化，按照老祖宗的智慧去做人、做事？这个问题比较宏观，但值得我们进一步思考。现在全世界的历史学家都在关注中华传统文化，也在不断探索中国神秘的上古文明。四大文明古国为什么只有中国能延续至今？因为中华民族有继承并发扬光大的精神，正是因为中华文明的延续，我们传承了古人的智慧和传统美德，才有了今天的国富民强。要知道，科技会过时，知识也会过时，唯独文化经典永远都不会过时。

2021年2月，就在中国共产党成立一百周年之际，我们郑重向世界宣布：中国全面消除了绝对贫困。作为占世界近1/5人口的大国，这是一项非凡的成就，堪称"中国奇迹"。联合国秘书长古特雷斯称这一重大成就，为实现2030年可持续发展议程中所描绘的更加美好和繁荣的世界做出了重要贡献。联合国常务副秘书长阿明娜·穆罕默德则表示，中国在消除极端贫困方面已经成为世界各地的学习榜样。"精准扶贫""因地制宜"等中国特色的扶贫理念越来越多地受到国际社会的关注，通过践行共建"一带一路"倡议还将使相关国家760万人摆脱绝对贫困，3200万人摆脱中度贫困。

勤劳、勇敢的中国人民，正在将爱好和平、追求发展的愿望播撒到全世界，也把中华优秀传统文化传递给每一个人。可以说，正在实现伟大复兴的中华民族，将是未来世界的希望所在。

"世界大同""人类命运共同体"，是人类对未来的美好期望。但令人痛心的是，由于意识形态、宗教信仰和民族风俗等差异的存在，我们的现实世界仍然是异常分裂的。比如作为世界头号强国的某国家，其内部分裂越来越明显，彼此之间充满了不信任。更有甚者，枪支暴力、政治暴力等威胁笼罩其国内社会，其国人的安全焦虑与日俱增。

据该国"枪支暴力档案"网站统计，2022年1~9月，该国发生468起大规模枪击事件，包括自杀事件在内，有超过3.17万人死于枪击事件，其中有757名儿童，平均每天有122人饮弹而亡。此起彼伏的枪声、无处不在的威胁、不断上升的伤亡数据，已经让该国人不知道什么地方才是安全的。CNN的一项调查反映出该国民众的辛酸："害怕送孩子上学""不再去当地的杂货店""计划逃离的路线""正在考虑离开这个国家"……《纽约时报》也评论说，"枪击事件在该国越来越普遍，几乎所有人都生活在恐惧中"。

除了枪支暴力，该国国内恐怖主义也在兴起。2022年5月，发生的一起大规模枪击事件造成10人死亡、3人受伤，这起事件充分体现了种族主义、恐怖主义对该国社会的严重负面影响。因为袭击者是一名信奉白人至上主义的极右翼人士，他特意选择一个非洲裔社区的超市作为攻击目标。作案前他还通过互联网，发布了一份充满种族主义和极右翼意识形态的所谓"宣言"。

社会持续撕裂、种族对立升级，该国不仅没能解决国内的信任问题，还把这种戾气施加在其他国家人民的身上。记得2009年该国曾暴发猪流感，由于没有采取有效防控措施，这场疫情蔓延至全球。根据该国疾病控制和预防中心估计，这场持续了一年的疫情，在该国境内造成近1.2万人死亡，由于疫情严重，全球的死亡人数根本无法统计。

很多时候，人都存有私心杂念，不能顾及他人的感受，不能关注他人的需求。为此，我们更要形成共识：在人类社会大家庭里，只有高矮胖瘦、长相肤色是不一样的，而我们追求和平与发展的本质毫无二致。如果任纷争和灾难继续发展下去，恶果终由人类自己承受。

　　我在格林威治演讲时曾经说过："我是一个女人，我的能力非常有限，我希望看到世界和平，但我的力量实在太薄弱。实现世界和平是一项巨大的工程，也是一个很遥远的目标，也许我们今生今世也难以见证。尽管如此，也总要有人朝着这个方向去努力，如果每个人都认为遥不可及，都不去做这样的事情，那么利益之战就永远不会平息。只有我们每个人都朝着和平方向发展，才有可能实现世界大同。"

平凡而伟大

有句话说，"哪有什么岁月静好，不过是有人在替我们负重前行"。仔细想想，在家庭，有父母为你遮风挡雨；在职场，有同事与你共同担当；在社会，有千千万万的"逆行者"勇往直前。正是他们的无私奉献，构建起人与人之间的信任，促进了社会的正向发展。

"苟利国家生死以，岂因祸福避趋之。"新冠疫情初期，无数人发扬中华民族"一方有难、八方支援"的热血精神，源源不断地为湖北捐赠、运送物资。自嗨锅创始人蔡红亮累计捐赠 35 万份自嗨锅，并发文表示"我不行动就是畜生"；两位山东农民自费购买 10 吨白菜捐赠湖北黄冈，货车司机无偿地把白菜运往目的地；云南河口 95 户村民为湖北捐赠 22 吨香蕉，而他们当中有一半人还都是贫困户⋯⋯

还有奋战在一线的"平凡英雄"们，他们"舍小家为大家"的精神令人敬佩。护士陈颖请战一线，与家人、男友一别十多天，她说，"既然选择了这个职业，这个时候就要挺身而出"；医院职工刘光耀和乔斌，为支援武汉打乱原本的订婚计划，在战"疫"前线，刘光耀用回形针制成戒指向乔斌求婚，于他们而言，这 1 毛钱的回形针比钻石更贵重；一名"90 后"志愿者，开车穿梭在武汉街巷为他人服务，他说，"如果我倒下，就把我的骨灰经无菌处理后撒入长江"⋯⋯

最是微光动人心，在这场没有硝烟的战"疫"中，像这样的普通人还有很多。他们如此平凡，又如此伟大，没有豪情壮语，只是默默行动着，用无私奉献的伟大精神，激励我们众志成城、共克时艰。

其实无论在哪个时代、哪个地方，每当发生自然灾难的时候，总能看到那些"逆行者"，不顾自己安危、不恋家庭温馨，毅然决然地奔赴抗灾前线，竭尽全力地保护人们的生命财产和生活家园。他们拥有家国情怀、天下格局，把自己的生命置之度外，身体力行地保护人类和地球。如果说邱少云、黄继光是战争年代的英雄，那么这些"逆行者"就是21世纪的英雄。他们的奉献精神、拼搏毅力，值得我们每一个人传承和弘扬。

　　每次看到"逆行者"的身影，我都会被他们感动，并做一些力所能及的事情，我们公司的员工也是如此。在灾难面前，公司上下充分展现了"一方有难、八方支援"的热血精神。公司员工金某，过年休假回到老家，不仅尽心安排公司在疫情期间需处理的相关事务，还心怀感恩地慰问奔走在抗疫前线的村干部们，他对于家乡人的深切情谊，一点一滴展现在实际行动中。还有公司员工刘某，疫情期间，捐赠善款和物资累计数百万元，其部门同事也捐款近100万元。刘某表示，只要疫情还在蔓延，她的捐赠就会继续。

　　大难面前，还有更多的"逆行者"。梧桐山的夏医生，与儿子一起奔赴武汉前线，用自己的中医知识为轻症患者治病；热心人士帮其联系酒店作为求助点，筹集56200元善款购买药材和设备，这一份大爱救助了几百名患者。还有那些平时默默无闻的保安，他们担负起防控重任，却仅有一个口罩作为防护，冒着被感染的风险为所有人测量体温……所以当我们没办法做得更多的时候，请给予他们最起码的尊重、感恩和支持。

在现实生活中，有些人总是计较自己付出多少、能收获多少回报，这不是真正的"无我、利他"。我们要明白，人生道路是自己选的，人生好坏是自己定的，若想收获属于自己的幸福人生，就要做一个真正无我、利他的人。那些终年守卫祖国疆土的边防战士，年纪轻轻就把生命奉献给祖国；袁隆平，还有许多科学家、医生，他们也舍弃个人利益，终身为祖国而奋斗，他们是值得我们学习的榜样。

令人遗憾的是，当代年轻人不屑于学习英雄精神，他们以所谓的明星、偶像为"榜样"，却因认知能力不足、辨别能力有限，渐渐迷失在物欲横流的环境中。我曾和大家讨论过一个话题——要以什么样的人为榜样。其实大人也好，孩子也罢，都需要有效仿的榜样，但绝不是盲目崇拜。我认为，应该以"逆行者"为榜样，应该以那些拥有正能量、正义感、优秀品质、爱国情怀的人为榜样。他们也许就在我们身边，也许就是你的同事、你的朋友。比如我所认识的一个小伙子，天天。

天天是美国白宫的顾问，2017年我去美国时，他全程陪同，尽心尽责地协助我的工作行程。就是这位年轻人，在中国疫情形势严峻的时候，号召海内外140多位志愿者来到了疫情重灾区，开展紧急救援工作。他长年在美国生活，那个时候他完全可以安然地身居远处，但是他没有。他表示，我是一名中国人，我要为祖国出一份力。

在这个过程中困难重重：航班取消，他四处打听；物资不够，他就动员大家一起来凑。最终，他找到了一趟私人航班，把大批抗疫物资从纽约运到了中国。虽然最终他因航班限制而无法来到中国，但他国内的战友们一直在前线坚持，甚至有两人感染牺牲，却没有一个人退却。谁家没有儿子女儿，谁家没有父母至亲，每当听到这些一线抗疫的英勇行为，我都热泪盈眶，特别感动。

每当这个时候，我全身热血沸腾，好想跟他们一起去往前线，但转念一想我身后还有那么多需要我来保护的人，我不能走。我不敢叨扰天天和那些英雄们，只能随时关注他们。有一天在他的朋友圈看到一条动态，是一张显示他朋友体温异常的照片，并附有一句话："只解沙场为国死，何须马革裹尸还"。这令我无比动容，久久不能平静，这不就是当代的英雄吗？这不就是我们应该学习的榜样吗？

在我们公司内部也有英雄，听说国内医疗物资紧缺，很多同事想尽办法从国外进口抗疫物资。特别是很多部门领导做出表率，冲在第一线，捐款捐物；还有一位我甚至叫不出名字的女孩子，平凡到当时面试了两次才得以顺利入职，她也冲到了抗疫一线，奋斗着、奉献着。英雄不就在我们身边吗？

这些英雄在国难当头时，总是用自己的脊梁肩负起中华民族的命运。每个生命都来之不易，所以更应该活得有意义、有尊严、有价值。我们要让孩子们看到这些新时代的英雄，让这些"牺牲小我，成就大我"的行为陶冶他们的心灵，身教永远重于言传。

飘风不终朝，骤雨不终日。我相信"多难兴邦"这句话，我致敬每一位新时代的英雄；我希望这种大无畏的精神能够在每个人的心底生根，在每个人的血液中流淌；我相信昭昭大爱之心，必定会让我们的民族、我们的国家英雄辈出，生生不息！

欲取之，先予之

作为人类社会的一个有机组成部分——企业应该扮演什么角色？作为一家企业，如何才能健康持续发展，在市场竞争中立于不败之地？这就必须提到企业的三重底线原则，即企业盈利、社会责任、环境责任三者统一。

在企业经营中你会发现，当不把盈利作为唯一出发点时，它反而成了水到渠成的结果。因为单纯追求盈利，忽略社会和环境责任，企业就有可能走向客户和全社会的对立面，陷入无源之水、无本之木的困境，既不可能做大，更不会做强。相反企业在追求盈利之余，坚持以实际行动来回报他人、回报社会，那么将如鱼得水，无往而不利。所以企业自利而生，利他则久。

企业的社会责任，不单纯是指捐赠和慈善事业，它还有更广泛的内涵，既包含遵守法律、善待员工，也包含提供优质的产品和服务，满足客户和社会的需求。企业的道德良知应该融于其商业行为本身，如此才能从根本上自内而外，经得起长久的考验。

我在创立马氏的时候，就定下"无我、利他"的方针，并且几十年如一日地坚持着，所以企业发展得又好又快。俗话说："心胸格局有多大，事业就能做多大。"那些越来越壮大的企业，一定拥有奉献精神、舍己为人的企业文化。"欲取之，先予之"，要想企业越来越好，就要做好付出的准备，如果只想着私欲，最终将一无所有，这都是我自己的经验。

一家善待员工的企业，才能和员工携手共进，互相成就；一家忠实于客户的企业，才能行稳致远，永续发展；一家有担当、有责任的企业，才能融入社会，成为时代的中流砥柱；一家热衷于公益、慈善和环保的企业，才能赢得公众的信任和青睐，铸就长青基业。

"企业家"和"生意人"的区别也正体现在此。我一直认为，企业家与老板不同，老板的目的是赚钱，而企业家却是有情怀、有大爱的。做企业家，就要承担起企业家的责任，以天下为己任，发扬无我、利他的精神。如果团队中的每一个人都能做到，那么企业必定发展神速。我的团队就是如此，"无我、利他"已经成了很多小伙伴的人生准则。

回想疫情刚刚暴发时，我们突然被通知不能上班、不能出门，那时很多人都在日复一日的等待中焦虑彷徨。作为公司的掌门人，

我也备感焦虑，甚至在很短的时间内有些轻微抑郁。但我并未消沉太久，我明白公司员工的希望都在我身上，我对每一个员工都负有一份责任，必须坚强起来，扛起这个重担。

我静下心来，尝试去做一些有意义的事。从自身做起，筹集抗疫物资，组织公司员工一起行动，捐款捐物支援一线；组织中医小队奔赴抗疫前线，与抗疫战士们共同奋战在第一线；创新工作方法，把公司的业务转移到线上开展等。尽管如此，社会的情绪依然低迷，疫情也对人们造成了极大的心理创伤。

当时，不仅仅是新冠疫情肆虐，在世界的其他角落，还有更多灾难考验着人类。在美国，暴发了几十年来非常致命的乙型流感，1万多人失去生命。在澳大利亚，山火已经烧了好几个月，丛林中火光遮天蔽日、直冲云霄，地上满是动物的尸体，根据世界自然基金会的报告，这场大火造成近30亿只动物伤亡或流离失所。那时我还看到了一篇令人痛心疾首的报道《南极首破20℃高温，企鹅流离失所》，一群企鹅孤立无援地站在一块正在融化的冰面上，等待它们的也许就是死亡。

关于全球自然环境的恶化，人类总是后知后觉，等到灾难来临时，才惊觉自身的渺小，才明白原来我们并不能独善其身。想到这里，我不禁油然而生一股同体大悲的情绪，总觉得心中有什么东西，需要对外倾诉和传递。

那天，我与美国的同事连线开会，那是一个鼓舞士气、令人热血沸腾的工作视频会议，一直进行到深夜两三点钟。会议结束后，我挂断电话，感觉周围一下子安静下来，进入了一个寂静无声的世界。在这种落差下，我迸发灵感，拿起笔，却不是写文章，而是写下一首歌词。疫情中那些感动、震惊和伤感的画面，那些灾难中生命的无助，不断冲击着我的内心。我一气呵成，写下了歌曲《惟愿》。

> 生命蒙难　世界同殇
>
> 一张张脸神　情绪高昂
>
> 希望和春天明朗
>
> 希望和春天明朗
>
> 天地玄黄　宇宙洪荒
>
> 众人报春　指手化霜
>
> 惟愿家国无染　岁月绵长
>
> ……
>
> 山川异域　风月同天
>
> 天佑华夏　浩浩泱泱
>
> 惟愿紫气神州　日出东方
>
> 惟愿世界大同
>
> 前路无恙

这是一首充满力量的歌曲，我希望通过它传达内心的情感，致敬抗疫英雄、祈愿世界安好。其实，这首歌有两个名字——《日出东方》和《惟愿》。最初，我以《日出东方》命名，因为在中国人的心目中，太阳代表着光明与力量，东方代表着家与归宿，它们带给人希望和鼓舞。对于世界人民来说，即使有着不同的肤色，身处不同的国家，但彼此之间的祝愿是没有差别的。因此，后来又用《惟愿》这个名字，把这首歌献给全世界。

《惟愿》的歌词完成后，我特别邀请杨一博老师为这首歌编曲，后来秦健老师又指导我演唱录制，《星光大道》年度总冠军傲日其愣主动提出与我合唱这首歌。所以，虽然是我创作和演唱了这首歌，但在这个作品问世的背后，还有很多默默付出的人。他们不追求名利、不计较回报，只求自己能做一件有意义的事情，这都是一份功德，他们将来一定都是有福报的人。

令我没有想到的是，《惟愿》得到了大家的喜爱。它上线全球各大音乐平台、社交平台后，在全网超过 10 亿次点播，还被纽约知名慈善媒体"黑领结"评选为"全球抗疫第一歌"。在此之前，我从未想过创作这样的歌曲，也从未想过这首歌会如此广受好评。或许是"取天下常以无事"，我这首无为而为的歌曲，给听众带来感动和希望。但我更希望，这首歌能由世界人民共同演绎，因为它不仅是对中国的祝福，也是对世界人民的祝愿。

为此，我暗下决心，要把这件有意义的事情做下去，继续创作更多优秀作品。人生短短几十载，浪费时间就是浪费生命，我们要从每一件事情中收获有意义的东西，以此不断丰富自己的人生。牢记自己的梦想与责任，不断觉悟、不断进步，鞭策自己，实现人生价值和生命意义。

作为新时代的企业，作为新时代的奋斗者，我们与国家繁荣、民族兴盛、人民幸福紧密结合在一起，必须要有"欲取之，先予之"的奉献精神，才能肩负起中华民族伟大复兴的责任担当，成就民族之光，屹立于世界之巅。

不积小流，无以成江海

    家，是社会结构的基本单元，也是生命个体与社会生活的关键"链接"，每个人都从家庭出发，走向社会，因此家庭教育与社会风气密切关联。现代社会，家教不仅是整个社会教育体系的第一环节，更是现代公民道德教育的德行基础。所谓"不积小流，无以成江海"，如果每个人都能从小培养孩子的诚信品质、道德素养，那么诚实守信的社会风尚必将蔚然成风。

    说到现在的家庭教育，许多家长都在努力为孩子创造优越的生活条件，却忽略了孩子的品德教育。曾经看到一个场景：一位妈妈带着孩子走进电梯，孩子因为贪玩把所有楼层按钮都按了一遍。然而，这位妈妈不仅没有及时制止，还不以为意地继续低头玩手机。很显然，这位妈妈的教育已经出现了偏差。

我们还可以看到：在管教孩子的过程中，有些家长总是"命令"孩子，不准玩手机，不准吃零食，不准哭闹……这种沟通方式，或许当下管用，却不能入孩子的心，让孩子明白事理。所以，孩子往往还会做同一件事、犯同一个错误。其实，亲子之间是平等的关系，若父母能与子女好好沟通，子女也会尊重父母、听从管教；反之，则可能出现物极必反的结果。

要知道，孩子的行为习惯和性格脾气，往往与父母的教育有很大关系，如果连父母都不去教导、纠正孩子，或者用错误的方法教育孩子，那么孩子又如何能够学好呢？俗话说，"三岁看小，七岁看老"。孩子的心理特点、个性倾向，往往决定了他未来的人生道路。在孩子的成长过程中，父母的一句话、一个表情，都可能带来深远影响。

作为父母一定要知道，从母亲怀孕的时候起就可以开始胎教，因为孩子能从母亲的声音、情绪中感知外界情况；此外，在孩子的成长过程中，父母的言行举止、情绪表达都会成为孩子的学习对象。不要以为孩子什么都不知道，其实孩子的感知能力、学习能力都很强，所以父母在教导孩子的时候，更要以身作则、言传身教。

《韩非子》中有这么一则故事：曾子的妻子要去集市，儿子哭闹要跟着去，曾妻便哄儿子说，"你留在家里玩，等我回来就杀猪给你吃"。当妻子从集市回来看见曾子准备杀猪时就连忙阻止，"我只是跟儿子说着玩的"。曾子说，"这可不能开玩笑啊！小孩子年幼无知，经常从父母那里学习知识，听取教诲。如果我们现在说一些欺骗他的话，等于教他今后去欺骗别人。虽然做母亲的一时能哄住孩子，但是过后他知道自己受了骗，就不会再相信母亲的话了。这样一来，你就很难再教育好孩子"。于是，曾子杀猪煮肉给儿子吃了。

这就是著名的《曾子杀猪》，曾子为了不失信于小孩，竟真的把猪杀了煮肉给孩子吃，目的在于用诚实守信的人生态度教育后代、影响后代，体现了儒家"言必信"的道德理念。这也告诉我们，父母的言行对孩子影响很大，教育孩子要言而有信，诚实待人，否则会将孩子也教育成一个不诚信的人。

这就是我们说的"身教重于言传"。父母长辈的言谈举止、行为习惯，潜移默化地影响着孩子的成长。所以，优良的家教家风必然是父母长辈以身作则，率先垂范。古人把"修身、齐家"放在"治国、平天下"的前面，意在提醒父母长辈要注重自身修养对子女的影响。

就个人而言，我是比较幸运的。我母亲的家族十分注重家风和文化的传承，因为有传承才有方向，恰巧家族中有私塾，优秀的文化可以一代又一代地传承下来。在我刚懂事的时候，母亲为我买了一本刻钢版《增广贤文》，从此打开了我学习传统文化的大门，正是这种教育和传承，才成就了今天的我。

随着阅历不断丰富，我更加理解和明白，从"根"上教育孩子，孩子能够自然而然地变好。我女儿是我的父母亲带大的，隔辈溺爱曾让她以自我为中心，不懂得长幼有序、恭敬长辈，当我把她接到自己身边的时候，我严厉地指正和教导她，帮助她慢慢改变不好的习惯。如今，她对每个人都彬彬有礼，对长辈更是可亲可敬。此外，从小我就教导她与人为善，告诉她"人"之所以为"人"，是因为彼此间相互支撑，才能更好地立足人世间；我还时常教导她"吃得苦中苦，方为人上人"，虽然言语朴实无华，但这种吃苦耐劳的品质，直至今日仍让她受益匪浅。

耳濡目染的言传身教，一代一代的薪火相传，父母教育子女为人处世的行为规范，最终形成了属于这个家庭甚至这个家族特有的"家风"。随着子女长大成人、另立门户，这种家风的烙印便深深刻在其基因里，继续裂变、继承并影响下一代。家风是一个家庭或家族最为重要的、无以替代的精神财富，它孕育于整个家庭或家族之中，影响着每一个家庭成员。家风也是一个家庭或家族的灵魂之所在，支撑着家庭或家族的进步与发展。

家风的形成，无关家庭贫富，亦与父母的文化程度无关，其源自父母德行素养的熏陶。一个城市知识分子家庭，也可能在教育孩子方面出现严重偏差，一对目不识丁的乡村父母也可能培养出品德优良的孩子。另外，只有在安宁和睦的家庭环境中，孩子才会幸福快乐地成长，才能够身心健康。家是最不需要讲道理的地方，要想家庭和乐平安，就要学会忍让，家人之间没有对错、输赢，只需要理解与包容。

如果父母关系不和谐，或者总在孩子面前争吵，那么孩子的内心世界也会是昏暗的。很多孩子在父母无休止的争吵中长大，这种日积月累的"觉受"让孩子曲解婚姻、恐惧婚姻，即使走进婚姻也没有担当与责任，这些心态的形成都与原生家庭的环境有关，与家长的言行举止有关。《易经》曰："积善之家，必有余庆；积不善之家，必有余殃。"家长一定要做好表率，明辨是非善恶，以善的方式生活、工作，孩子自然就会向善成长，当家人都在行善积德时，家道自然就会兴旺发达。

"以古为镜，可以知兴替；以人为镜，可以明得失。"在各种文化交相辉映的今天，我们需要以优秀的文化为参照物，认知才不会出现偏差。而中华民族之所以能传承几千年，正是因为我们拥有优秀的传统文化。

好的家教家风，影响了一代又一代的中华儿女，也促进了社会文明进步。一颗优秀的种子，如果放在杯子里，最多会是一颗豆芽；如果放在盆中，最多就是一盆好看的盆栽；如果放在原始森林里，它就会成为一棵参天大树！我们承载着祖先的文化基因，必须传承祖先的高尚德行，脚踏实地、诚实做人，为小家也为大家做出自己的贡献。

谈"作秀式奉献"

　　当今社会"作秀"可谓无处不在，有些作秀无可厚非，有些作秀必不可少，但如果作秀和慈善、奉献等联系在一起，就会成为反面教材，会被社会大众所唾弃。因为这是牵扯大是大非的问题，含糊不得。

　　曾经看到一些新闻，所谓的"最美支教女教师"从爆火到翻车，从人生楷模到成为行政处罚的对象；还有许多个人和企业恶意"诈捐"，捐一百元说捐一万元，甚至诺而不捐。这种"作秀式奉献"，不仅消费了公众的善心，使得社会慈善、募捐活动的公信力大大下降，还会令乐于行善的人心生疑虑、却步不前。从某种意义上来说，这其实是在作恶，是一种恶行。

　　还有一种"作秀式奉献"，是高调行善。此前，网上出现了很多

明星为抗疫捐款的报道，引来网友们议论纷纷。其实，捐款的时候不必张扬，真正的行善是做好事不留名，默默地付出与奉献，不求任何回报，也不为彰显自己。如果大肆宣扬自己的善举，想要因此获得好的名声，即便你的本意是善良的，往往也会招来非议。这样的行善不仅没有功德，还会给自己带来负面影响。

我们要知道"人在做，天在看"，无论是哪种"作秀式奉献"，都是不可持续的。即使当前没有暴露出来，最终的因果也需要自己去承担。而虚假的形象一旦被拆穿，就会失去公众的信任，从此被列入"黑名单"。不管是名人还是企业，都要以此为戒。

其实在现实中，有许多人是在默默行善、默默奉献的。白方礼老人连续十多年用蹬三轮的收入，捐赠35万元善款，圆了300名贫困孩子的上学梦；装修工人魏青刚为救溺水者，在滔天巨浪中三进三出，又悄悄回到了人群中；青岛红十字会收到的上千笔捐款中，很多捐助者都不约而同地署名"微尘"。对他们来说，做好事已经成为自然而然的事情，是一种简单朴素的生活方式和行动自觉的真情付出。

所以，行善并不高深，也不是高不可攀的难事，只要力所能及，积小善为大善，以真诚的心去做善事，就是行善的正确方法。

有人认为，自己现在的经济状况一般，不像大富大贵者那般有能力，因此不必乐施行善。我不认同这种想法，因为小小的起心动念、行为举止，都会影响自己今后的人生道路。捐款助学者，无论金额大小，他们的起心动念都是善的，他们实实在在地付出了，这就为自己及后代积攒了福报。

当我们挣来的钱财早已满足个人生活需求的时候，就可以去做更多的善事，帮助更多人摆脱困苦。当我们用正确的方法获得物质财富，就可以把挣钱的经验分享给大家，让越来越多的人实现物质与精神的富足，过上幸福的生活。帮助更多人富裕起来，让更多人幸福快乐，我们才能真正获得成就感、幸福感。

对于一家企业来说，行善是必不可少的。因为"德者本也，财者末也"，只有以厚重的德行来承载财富，才能真正收获财富、留住财富。很早之前，我在电视上看过关于洛克菲勒家族的纪录片，了解到他们十分热衷慈善事业，成立了世界上第一个慈善基金会，还创办了众多学校、医院、研究所等，我国知名的北京协和医院，也是由洛克菲勒基金会捐建的。但最让我震惊的是，他们家族已经传承了七代，我当时就默默把这个家族记在心里，想要以他们为标杆。

后来我开始创业，在成功与失败之间不停转换。迷茫之时，想到洛克菲勒家族，我开始学习他们的精神，把传承千年的优秀传统文化应用于实践。"人有善愿，天必佑之"，也就是从这里开始，我创办的企业越来越好，发展成为如今的跨国集团。我在联合国发表演讲，去知名学府哈佛大学访问，参加"纽约硅谷龙峰会"……这些都是我从未设想过的，而之所以取得这些成果，可能是因为我的发心正确了，当不把金钱当作目标，而是重视文化和行善的时候，财富自然也就来了。

我终于明白了洛克菲勒家族能传承七代的秘诀，他们传承的不仅是金钱，更是一种文化、一种精神。而所谓"富不过三代"的魔咒，不过是因为缺乏这种精神。

大家都知道，深圳的志愿者服务做得非常好。在一些义工团队里，就有很多年轻人，他们怀着利他之心，行着利他之举。我曾经与这些年轻人交流过，发现很多人都在学习中华传统文化，领悟民族精神带来的力量。《道德经》中有言："上士闻道，勤而行之；中士闻道，若存若亡；下士闻道，大笑之。不笑不足以为道。"在很多人对传统文化嗤之以鼻的时候，不少极具前瞻性的家长，开始让子女学习传统文化，从而培养子女的德行和福报，让他们将来更好地承担大业。

积善之家，必有余庆。我们不仅要懂得积善的道理，还要拥有积善的智慧，我们一定要弄清楚，什么样的人能帮，什么样的人不能纵容。有些时候，我们盲目地帮助了一些人，最后却成了助纣为虐。我们应该去帮助真正需要帮助的人，帮助正直善良的人，帮助正在为社会大众无私奉献的人。帮助别人没有标准，就是在别人需要帮助的时候，能发自内心地做一些力所能及的事情，能做多少就默默地去做，不要试图从中获取什么。正如疫情期间我们公司有很多人默默捐款，这就是积善的正确方法，他们会越来越好，他们的智慧福德也会与日俱增。

如今，马氏盛族主要通过天使慈善基金会来发展慈善事业，一来便于接受国家的监管，二来也能增强大众对我们的信任。天使慈善基金会从成立以来，就持续地发挥作用，目前共援建 30 所希望家园，捐赠近 10 万册图书。基金会发起的梧桐树助学计划，资助近千名贫困山区的贫困家庭学子走进大学校园，其中近半数来自少数民族地区。

在疫情严峻之时，马氏盛族先后向甘肃、西安、香港、武汉、吉林等地区捐赠防护服、救护车、脚套、N95 口罩、医用手套、隔离衣、头套 、面罩等防疫物资。还联手多位民间中医大家，在深圳开展"防疫凉茶"慈善捐赠活动，免费派送防疫草药包供市民熬制凉茶，以达到"提高身体免疫力、积极抗击新冠"的效果。2020 年，我有感而发，创作并演唱了歌曲《惟愿》，通过描写抗疫工作者坚定的背影、全国人民众志成城抗疫的决心，展现中华民族百折不挠的精神。

全世界、全人类都是一体的，牵一发而动全身，希望我们每个人都有这样的思想觉悟，不要只活在小我的世界里。做好自己力所能及的事情，争取为社会大众尽一份力，以真诚的心去做善事，不计回报，不求声名。万众一心，实现中华民族共同富裕的伟大目标。

第七章
如何传递信任，回归本性？

治大国若烹小鲜

隋文帝杨坚是一代雄主，堪称帝王中勤勉治国的典范，他可以说是一个十足的"工作狂"，几乎所有事情都要亲自过问。比如他从早到晚看军报，以至于兵部尚书无所事事，干脆请旨平调到礼部当尚书。可即便杨坚这么能干，隋朝从建国到灭亡也不到 40 年，成为历史上统一南北却很"短命"的王朝。

后来唐太宗李世民评价他："至察而多疑于物，又欺孤儿寡妇以得天下，恒恐群臣内怀不服，不肯信任百司。每事皆自决断，虽则劳神苦形，未能尽合于理。"正因为隋文帝政治格局过于狭隘，骨子里不能真正信任臣僚，所以无法调动臣僚的积极性。大臣们一方面如履薄冰，杯弓蛇影；另一方面事不关己，高高挂起。

相比之下，唐太宗在君臣和谐、同心合力上就要强得多。对待李建成的部下，他先后三次大赦，不予追究；对待开国功臣，他也没有鸟尽弓藏，而是坦诚相待。李世民举重若轻、放手诸臣的治政风格，以及虚怀纳谏、谦虚进取的宽广胸怀，使得君臣一体，举朝同心，缔造出了"贞观之治"的盛世。

在现实中，经营企业与治理国家是一样的道理：企业领导者的思想直接影响企业的发展方向，领导者的格局与情怀决定了企业的发展规模。真正的领导者，懂得如何给予明智的信任，激发团队的活力，释放他人的潜能和创造力，从而营造一个高信任度的环境，提高团队的办事效率，并降低经营成本。

此外，成立公司的初衷非常重要，是无我利他还是自私自利，决定了公司能够走多远。所谓三十而立、四十而不惑，我和合伙人创办公司的时候已经过了不惑之年。在以往经历中，我们有过成与败，也在这个过程中逐渐觉醒。

回想我第一次创业，那时还没有什么觉悟，纯粹就是为了赚钱，根本没有想到要"利益他人"。所以虽然赚了很多钱，但终究要承受相应的果报。我把钱全部存到了一家快要倒闭的私人银行，最后所有的存款不翼而飞。这就是业力的牵引，那么多家银行不选，偏偏选中了这家银行。

当我明白一切皆因果的时候，就知道无论做什么事情都不能只想着自己了。我的合伙人当年也挣了不少钱，在 20 世纪 80 年代就已经是千万富翁了，但后来也都亏掉了，其实根源就在于没有利他。

我们找到了过往失败的原因，找到了能挣钱却存不住钱的原因。于是在公司成立之初，就发愿一定要做到"无我、利他、专一、守信"，这八个字也成为公司文化的核心价值观。后来，越来越多的人加入我们公司、相信我们公司、跟随我们公司，因为我们走在正道上，始终以大家的利益为前提。

当领导者有了一定的思想格局与高度，并且能够以身作则落于实践，整个团队就会耳濡目染、潜移默化。当每个人都能够坚定目标、团结协作，那么就能够凝聚成强大的力量，这是一股坚不可摧的力量，也是无穷无尽的力量，可以使整个组织从优秀走向卓越。

要知道没有一家企业或一个人在前进的过程中始终是一帆风顺的，而焦虑、沮丧、抱怨、逃避都不能解决问题，领导者一定要有带领团队勇往直前的魄力，在困难面前永不低头。立大格局，迎难而上，坚韧不拔，勇猛精进，这才是企业发展的根本。

在我看来，领导者有三种类型：第一种是积极主动解决问题的领导者，第二种是遇事推卸责任的领导者，第三种是习惯扩大事态的领导者。每一种领导者都有或大或小的团队，在不同领导者的带领下，团队面对问题时的态度和做法就会各不相同。要知道，领导者的素质与能力，对团队的发展起着关键作用。

能积极主动解决问题的领导者所带领的团队通常都很不错，无论问题大小都能够自主解决。尤其是面对大风大浪时，他们能够冷静地面对，处理好事情也不邀功，只是默默地做好当下的事。我们公司就有这样的中层领导和团队，有的是过了很久甚至一两年时间，我才知道他们私下解决了一些比较严重的问题。公司能有这样的部门，有这样的中层领导和团队，我真的很欣慰。

遇事推卸责任的领导者，一旦出现问题不愿主动承担，要么归咎于下属，要么埋怨上级领导的失误，总之都是别人的问题，从不懂得寻找自身的原因。曾经有人向我抱怨下属的各种问题，表示自己在各方面都尽力做好了，但问题仍然没有解决，所以问我该怎么处理。其实我是有些失望的，如果每一个问题都要我来解决，那么中高层领导存在的意义又在哪里呢？下属出现了问题，只能说明领导者管理不善，这应该是领导者首先要自我反省的重点。优秀的团队是需要精心打造的，领导者一定要有所担当，学会容纳人和事，学会积极主动解决问题。

习惯扩大事态的领导者，总是习惯于把很小的事情扩大化，不懂得大事化小、小事化无。这种领导者在面对问题的时候，只会不断激化矛盾，甚至无中生有，制造出很多不必要的隔阂。本来是很容易解决的小问题，却被处理得极其糟糕，最后牵连到很多方面，影响整体的和谐。有时候并不是别人的问题，恰恰是领导者的心态没有摆正，才会把小事当成天大的事情向上级反映，甚至写出长篇大论来搬弄是非。其实这个时候，最应该反省的是自己，对团队成员的抱怨和指责越多，表明领导者本身存在的问题就越多。

在管理团队的过程中，有人为了树立所谓的领导威望，经常无端地发脾气，不辨是非、不分对错，随意批评责骂员工。要知道，优秀员工绝不是骂出来的，"行不言之教"才是最好的管理方法。所以每位中层或高层领导，都要以身作则、好好做事，带领团队往正确的方向发展；要对员工怀有感恩之心，感恩员工的辛勤付出，也感恩员工给自己带来的挑战和提升。

如欲成事，先学做人。不要纵容自己的不良习气，不断学习和改变，让自己每天都能进步一点，日积月累下来就会是很大的跨越。人的品质主要体现在处理事情的当下，当领导者的思想有所偏离，团队的发展方向就会出现偏差；当领导者真正仁爱宽厚、率先垂范，团队就会敬重你、效仿你，从而服从你的安排。

《道德经》第六十章中云："治大国，若烹小鲜。"领导者亲力亲为、事无巨细，实际上是"懒政"，只有合理驭人、充分放权，才能"处无为之事，行不言之教"，达到"无为而治"的至高境界。

用人要疑，疑人要用

常言道：用人不疑，疑人不用。其实，这种说法有些过于理想化，在真实的世界中，往往是"用人要疑，疑人要用"，不然你可能什么事情也做不成。同时，这也是每一位领导者都需要掌握的——做好信任的风险管理，"聪明"地信任别人。

"用人不疑"，用在对的人身上是可以的，但如果用在错的人身上，就会招致灾难性后果，相当于漠视风险，闭眼狂奔。就好比一瓶灭火器，刚出厂时经过检测是合格的，但我们依然要定期检查，否则万一它超出使用年限，或是出了其他什么毛病，就会在火灾发生时令我们措手不及。

唐玄宗李隆基就犯了这个错误。当时很多人都向他揭露安禄山的反心，但唐玄宗都不当回事，甚至将举报的人抓起来押送给安禄山。他认为，对于下属就是要推心置腹，即使别人行为不端，或者有谋反之心，在他充分的信任下也会被感化。所以他让安禄山担任三镇节度使，其手上掌握的兵权，最终远远高于中央军队。面对隐患，唐玄宗不但没有重视并消除，还采取"无防即是大防"的态度，最终结果可想而知。可见，虽然安禄山十分狡猾，但本质上还是唐玄宗的用人之道出现了问题。

"疑人不用"，一定程度上是隔绝了所有风险，有懒政的倾向。而在许多事情上，不承担风险，就意味着无法收获更大的成功。

事实上，传统文化中的"用人不疑，疑人不用"不是儿戏，它凝聚了古人的智慧。但对于如今的企业管理而言，它更多的是一种理念，一种近乎"道"的存在，在实际操作中很难执行。而"用人要疑，疑人要用"则是术，是具体的用人策略。也就是说，我们既要解放思想，大胆用人，适当放权，给予其一定的施展空间，又要借助企业的管理制度和考核机制，不断对人才进行激励和监督，不断查错纠偏，从而避免失误，保证企业快速、稳定、可持续地发展。

不管什么时候，给予适当的信任都是最明智的。作为一名管理者，必须拥有良好的洞察力和分析能力，甚至要有一定的直觉，才能做到"用人要疑，疑人要用"。在这里，我强调的是，这八个字仍然以"信任"为基础，其前提首先是信任别人。但信任是有限度的，只有在大家共同遵守的制度约束下，证明这个人值得信任，才能实现组织与个人的共赢。

"用人要疑，疑人要用"，是一种求实的用人态度，也是一种负责的用人态度。首先，管理者和下属之间建立信任，这需要一段时间，在合作前期双方都不熟悉，就谈不上信任。那么在这段时间内，管理者难道就不用这个员工了吗？显然不是。其次，新员工也需要一段时间来融入团队，需要通过一系列的任务来证明自己的能力和价值，而管理者可以根据其优缺点来安排工作。所以边用边疑、边疑边用，才是企业管理的常态。

　　刘备一开始也不知道诸葛亮为何许人也，尽管经由徐庶推荐、司马徽旁证，评价"其才不可限量也"，刘备仍然半信半疑。访得诸葛亮之后，"玄德待孔明如师，食则同桌，寝则同榻，终日共论天下之事"，但诸葛亮是否有真材实料，刘备仍然无法验证。到了博望坡之战时，诸葛亮对各路人马分拨既定，"玄德亦疑惑不定"。直到火烧曹军，"直须惊破曹公胆，初出茅庐第一功"，刘备才开始相信诸葛亮并非浪得虚名。此后，诸葛亮火烧新野、水淹曹仁、赤壁之战、计取荆州、巧取西川、七擒孟获、六出祁山，为刘备建立蜀汉江山立下了汗马功劳。诸葛亮每一次沙场点兵，何尝不是刘备对他的考察呢？试想，如果不是诸葛亮数十年如一日的赤胆忠心，刘备临终前岂能亲述"若嗣子可辅，辅之；如其不才，君可自取"，将刘禅与蜀汉江山一并托孤？

　　所以，一个人才，到底能成长到什么程度，能匹配多高的职位，是需要时间和磨砺的。优秀的领导者，懂得给下属创造成长的空间和机会，一步步地让他摸索、突破，直到他蜕变、化茧成蝶，当然也有可能无法胜任，黯然离场。这就是"天将降大任"的考验，即

评估这个人的信用和能力。

除此之外，还要评估相关的事件。同一件事，交给不同的人去办，结果可能会相差甚远。两个销售皮鞋的推销员，面对岛上无人穿鞋的现象，一人认为没有市场，另一人则认为市场前景十分广阔。这是人的思维和境界带来的差异。

在掌握了这些信息之后，你还要扪心自问：在这件事上，我能承担多大的风险，如果出了问题，是否还有其他补救方法？这是为了设立"止损线"，将损失控制在自己所能承受的范围内，即使遇人不淑，也可以一笑而过。

我经常对下属说的一句话就是："放手去做，做砸了我来承担。"

这其实就是"用人不疑，疑人不用"与"用人要疑，疑人要用"的协调统一，在充分授权的同时，我已经进行了仔细的评估，我相信这个下属的才能足以胜任这件事情，也对存在的风险做到了心中有数。在这种激励和把控之下，公司才能做到兼容并蓄，在十多年间培养和吸引了众多人才。有很多总经理级别的人才，都是从基层做起的，比如视频中心的总经理小龙，最开始就是一名后期编辑。

归根结底，"用人要疑，疑人要用"的道理，就是要做好信任的风险管理，掌握好信任的尺度。不仅是经营企业，在家庭关系、恋爱关系以及人际关系中，我们也要做到这一点，才能既享受信任带来的成果和愉悦，又不至于过分依赖，陷入其中无法自拔。

在家庭教育中，就有不少家长希望控制孩子生活的每一个细节，知道孩子每一个想法，甚至规划孩子的人生路。他们认为"如果我不管，就会一团糟""我也不想管，但没有人能帮我做这些事"等，从某种意义上讲，这些家长陷入了"控制陷阱"，缺乏对孩子的基本信任。他们原本想回避风险，却正在遭遇最大的风险。

人是理性和感性的集合体，在人与人之间的信任中，更应该运用二者的力量。如果只有情感而没有理性认知，信任就成了盲目的信心；如果只有理性而没有情感投入，则信任就只是冷血的预测。所以，信任这件事情并不简单，需要同时具备情感共鸣和理性思考。

知遇之恩与投桃报李

《道德经》曰："其政闷闷，其民淳淳；其政察察，其民缺缺。"意思是为政仁德宽厚，则百姓淳朴厚道；为政严厉苛刻，则百姓狡黠诈伪。所以善治政者，无形、无名、无事，看起来无政可举，闷闷然好似无治，其实这是一种无为德化的大治。

无为而治者，在于为政者修德省身，以德养民，为政宽容，不过多限制百姓的自由，所以百姓感化于淳厚之风，相忘于大化之下。在这其中，实际上是"信任"在发挥作用：为政者相信百姓的淳朴，百姓相信为政者的德行。假如为政者胸襟狭小，对百姓毫无信任可言，政令繁多，不顺民情，虽则察若明镜、赏罚分明，却不知"上有政策，下有对策"，百姓惶惶不安，必然生出机巧之心，应之以诡诈之计。这个道理，上至治国，下至治企，皆是如此。

所以，信任是一种相互的作用力，要想赢得别人的信任，最好的方法是先给予他人信任。每个人都不是一座孤岛，无法与世隔绝，只有融入集体，相互信任，投桃报李，才能共同促进，共同发展。

相信大家都有这样的体会：有人相信自己时，就会感觉浑身上下充满力量，做事情也不容易放弃；但如果身边没有一个人相信自己，就会觉得自己被遗弃了，无所谓好也无所谓坏，反正"破罐子破摔"，做一天和尚撞一天钟。所以，被人信任是一种幸福，人们从信任中得到力量，也会回报以信任。

早在2000多年前的春秋末期，《史记·刺客列传》中四大刺客之一的豫让，就说过这样一句话："士为知己者死，女为悦己者容。"豫让的先祖都是有名的侠客，家族遗风造就了他侠义忠贞的性格。他先后投靠范氏和中行氏，最终成为智伯的门客，智伯也是他的伯乐。后来智伯被赵襄子所杀，本来已经逃到山里的豫让，念及智伯的好处，怨恨赵襄子把智伯的头骨做成漆器用来盛酒，发誓要刺杀赵襄子，为智伯报仇。

第一次行刺失败后，他将生漆涂抹身上，使皮肤溃烂；吞下炭火，烧伤喉咙以改变声音；拔掉胡子和眉毛，改变自己的外貌，当他上街乔装讨饭时，他的妻子都没能认出他。但天不遂人愿，第二次行刺又失败了，他被抓了起来。赵襄子责问豫让："你曾经不也是范氏、中行氏的臣子吗？智伯把他们消灭了，你没有想着为他们报仇，反而委身于智伯。现在我不过是干了跟智伯一样的事情，你为什么非要杀我为他报仇呢？"豫让说："我侍奉范氏、中行氏，他们都把我当作一般人看待，所以我像一般人那样报答他们；至于智伯，他把我当作国士看待，所以我就像国士那样报答他。"豫让知道生还无望，便请求赵襄子脱下衣服，让他提剑刺击，象征性地完成刺杀的誓愿，然后自刎而死。

豫让是一位失败的刺客，却名列史记，被千古传唱，原因就在于他的秉直忠义，壮怀激烈，虽身死，犹不悔。这也让我们看到了信任的可贵，正是因为智伯把豫让当作有才之人，给他国士的礼遇，才让他将智伯引为知己，不惜用生命报答智伯的恩情。

有些人在给予他人信任的时候，往往会设置一些条件，比如很多情侣在谈恋爱的时候，常以"愿不愿意给自己花钱"来考验对方。我不想辨别这种做法的对错，但我认为，一个真正爱你的人，不会等待你的考验，因为他（她）愿意主动为你付出；一个真正爱你的人，也不会用额外的条件来考验你，因为他（她）理解、感恩你的付出。那些以"考验"为借口的人，往往是不够信任、不够深爱。

大家都知道，我的大部分衣服是在东门定制的，一直都是卢师傅帮我裁布缝衣。在我们刚合作的时候，卢师傅对我的设计理念理解得不够透彻，成衣常常达不到我的要求，有时一块布、一件衣服就这样做废了，但我从来没有要求卢师傅赔偿布料，每一次都依照约定支付工费，给予卢师傅足够的信任和支持。直至今日，我仍然在卢师傅那里定制服装，她了解我喜欢的面料和版型，对我的设计提出很多宝贵意见，彼此之间合作多年、默契十足。

回头想想，如果当初我斤斤计较，或许早就心生嫌隙、断绝往来，哪里还有如今的合作与默契呢？世间万物，有因必有果。假如你想收获毫无条件的信任，就必须首先毫无保留地信任别人，否则那些附带的条件，只会让双方的信任崩塌。

在管理企业时，还会遇到这样的情况：自己器重和信任的下属，为了高薪跳槽到对手公司。很多人以为薪酬是下属跳槽的根本原因，但我认为绝对不仅如此，也很有可能是管理者或企业本身的问题，导致下属得不到更好的发展，以至于早已心存不满。所以面对下属跳槽的问题，我们也要具体情况具体看待。如果作为管理者，你一直以善心、爱心、耐心对待和栽培下属，下属却不领情、不顾道义跳槽到对手公司，那么我认为不必难过，更不要埋怨或责怪这位下属，这说明你们之间的缘分尽了。你只要坚守自己的品性德行，做好自己当下该做的事情，迟早会有更优秀的人才加入，为你的事业助力。

我就曾多次面临下属跳槽的问题，曾经也会为此感到伤心难过，但如今我只会祝福离开的人，希望他们在新的平台得到更好的发展。正如老子所说："善者吾善之，不善者吾亦善之，德善；信者吾信之；不信者吾亦信之，德信。"其实，保持内心的善良和真诚，很多好人好事自然会找上门，帮助自己心想事成，甚至是心不想事也成，这就是我的真实经历。

因此，在对别人抱以信任时，虽说知遇之恩与投桃报李是常态，却也不能奢望总是如此。只有保持一颗平常之心，始终维持不变的态度，并去除附加的条件，才能称得上是"真正的信任"。同时，这也是一个人的信用所在。

松下幸之助曾说过："信用既是无形的力量，也是无形的财富。"信任就像一盏灯，在失落的时候带给我们光明和温暖；信任像甘露，在无助的时候带给我们另一种重生；信任还是一把钥匙，能让我们打破人与人之间的隔阂，让世界充满爱。

我们每个人都渴望获得他人的信任，因为这是一种高度的赞扬。能够获得他人信任，说明其德行和能力都有可取之处，能给人带来安全感和满足感。所以，被人信任是一种压力，更是一种动力，激励着自己努力做得更好。

信任的重要时刻

鲁迅先生曾说过："人生得一知己足矣。"因为朋友可以有许多，知己却是可遇而不可求。春秋时期的管仲和鲍叔牙就是难得的知己，为后世留下了"管鲍之交"的千古美谈。其实，管鲍之间的深情厚谊不是凭空形成的，而是建立在二人长期的相互了解、相互信任、相互坦诚和相互谅解的基础之上的。

　　管鲍二人很早就是好朋友了，曾经合伙做过生意。当时，无论别人如何评论管仲，鲍叔牙都不为所动，依然一如既往地给予管仲包容、谅解与支持。后来又是在鲍叔牙的力荐下，管仲被齐桓公拜为齐相，得以真正施展才华，对内大兴改革、富国强兵，对外尊王攘夷，九合诸侯，一匡天下，辅佐齐桓公成为春秋五霸之首。

　　在这个故事中，"信任"起到了巨大的作用。管仲说的那句"生我者父母，知我者鲍叔也"，如雷贯耳，发人深思又催人奋进，也带给我们无尽的启示。管鲍二人由相知到信任，从感恩到付出，不仅浇灌出一朵温馨而恒久的友谊之花，也造就了一个强大的国家。

　　纵观历史与现实，在许多事件中，"信任"都起到了关键的作用，也因"不信任"而付出巨大的代价。

　　商鞅变法立木为信，在百姓心中树立起威信，变法得以推广，秦国日渐强盛，最终统一了中国；阿里巴巴的出现，解决了无数商家与消费者之间的信任问题，创造了崭新的网络购物方式；如今日益紧张的医患关系，就是因为彼此失去了信任，不仅导致很多患者得不到良好治疗，也使医生感到心力交瘁。

要知道，这个世上也许什么都有一个价格，但信任却是无价的。如果一个人被 100 个人信任，那么他就可以活得很好了；如果被 1000 个人信任，那么他可以顺利地开展任何事业；如果被 10000 个人信任，那么他将是可以创造奇迹的人。

所以，在我们漫长而波折的一生中，信任才是最珍贵的。对别人多一分信任，就是为自己打开一扇紧闭的门，不要吝啬向别人敞开这扇门，要知道，你在开启它的同时，也让自己赢得了更为充盈的空气、阳光和水。

作为一个几起几落的创业者，我对此深有感触，因为对于创业这件事来说，孤军奋战是不可想象的。在我身边，总有许多人默默支持和帮助我，而"信任"也在我们之间发挥着不可替代的作用。这其中，就包括阿英。

阿英是我们公司大健康板块的负责人，也是我最倚重的人之一，我与她的相处就颇有"管鲍之交"的意味。

我初来深圳时，就认识了阿英，那时我们都在一家美容院工作。阿英天生丽质，长得很漂亮，不用怎么打扮就能让人倾心不已。更难得的是，她心怀慈悲，行为坦荡，是一个有信仰的人。有一段时间她经常去寺院当义工，在厨房帮忙做饭、打下手，到了晚上她把地面打扫得干干净净，然后铺一块布就睡了。那时，她赚 1 万元，就可以捐出 8000 元，还要拿出 1000 元给家里。

在我看来，她的精神格局早已超越了个人，进入了一个更高的维度。从那时起，我就打定主意，要珍惜这样一位朋友。所谓"物以类聚，人以群分"，阿英也始终将我视为好朋友。我在深圳创业的这十余年里，她一直跟随、支持我，不管其间出现什么风浪与挫折，都不曾动摇过。后来，马氏一路发展壮大，阿英的才华也得到充分施展，大健康板块在她的带领下迅速崛起，成为公司数一数二的业务板块。

有一次，阿英将一位客户介绍到 A 部门，后来才知道这其实是另一个部门的客户。大家可能认为这只是一个小错误，但在我们公司，就算是无心之举，这种错误都属于严重违规，是绝对禁止的。再加上阿英身处如此重要的职位，却犯了这样低级的错误，就更不能原谅了。于是，我在失望之余做出决定：将阿英暂时停职，再做处理。

面对这个处罚，阿英并没有反驳，她在家里反省了两天，第三天写了一封长长的检讨书，放在我的桌上。我很快看完了，阿英没有提到任何有关"误会"的字词，而是坦诚地承认了错误。她说：这么多年来，我之所以能取得如此大的进步，离不开各位同事的帮助，作为一位公司的老人，在十分了解公司业务和规章制度的情况下，却犯了这样的错误，实在愧对大家。经过一番深刻的思考，我写下这封检讨书，希望能在全公司检讨自己的错误。

我流着泪在晨会上读了这封检讨书，600 多人的会场，她坐在最后一排。所有人都被她发自肺腑的反省感动了。

这才是我最好的朋友、最好的同事！我经常说"行有不得，反求诸己"，阿英就真正做到了这一点！在我看来，无论碰到什么问题，都要从自己的角度出发，这样的人才最值得信任。我一边念阿英的检讨书，一边感到由衷的高兴，感觉自己的信任并没有被辜负。同时我也感觉到，马氏一直强调的化育的力量，当我们都能做到"行不言之教"时，就是收获成功的时候。

晨会结束后，有一位80多岁的客户，特意在电梯口等着阿英，他对阿英说："听了你的检讨书，我敬佩万分，这要是我肯定做不到。"

在马氏，像阿英这样的人还有许多，他们都经过千锤百炼，完全融入了这个集体。他们每个人都很能承受压力，也保持着稳定的工作状态，共同的信念、牢固的信任让他们发挥出全部的潜力。许多马氏员工都有这样的觉悟：过错到了自己头上，就是自己的，不然为什么会到我头上呢？正是这种觉悟推动他们前进，也推动马氏继往开来，再创辉煌。

万般皆由己

随着年龄的增长、生活阅历的增加，我们渐渐习惯用怀疑的眼光和防备的心理，去看待周围的人和事。正所谓一朝被蛇咬，十年怕井绳。曾经的失信、伤害甚至背叛，让我们越来越难以信任他人。我们往往会想：你要先证明自己，否则我无法相信你。

在这里我想说，这种认知是错误的，"信任的真相"其实是：信任只取决于自己，只有自己才能决定是否抱以信任，以及因何而信任。我们行走在这人世间，根本就没有值得绝对信任的人、事、物，但有的人迎难而上，有的人却患得患失。境界不同，应对方式与生活态度就不同，其结果当然是天差地别了。

所谓"君子坦荡荡，小人长戚戚"。这个"长戚戚"其实就是疑神疑鬼、患得患失，"小人"也不一定是坏人，还指长不大的人、没有能量的人。一个不信任他人、把自己关起来的人，当然很难成为大人物。许多人一事无成，也根本不是因为缺少天赋和才华，而是早早地被挡在了信任这第一道门外了。

巴菲特曾讲过一个故事，那是 1958 年前后，他刚开始做投资生意不久，他的一位好朋友邀请了 12 名医生，在一幢山顶别墅共进晚餐，想要帮他拉一些投资。这些医生都是 30 岁左右、有钱又有能力的年轻人。聊了一晚上之后，有 11 个人决定各投入 1 万美元，让巴菲特帮忙打理这些钱。也就是说，还有一个人没有加入，因为他担心投资风险。毕竟当时的巴菲特还很年轻，是个无名之辈，谁也不知道他以后会成为"股神"。

巴菲特在采访中说："这个人最终没有投我，余生可能都会后悔这一刻的决定。"因为此时，当年的 1 万美元已经变成了 2 亿美元！

确实，现实中大家往往信奉"眼见为实"，都愿意相信已经成功的人，问题是那时候的"信任"价值并不大。在巴菲特只有 50 万美元的时候投 1 万美元，和在巴菲特有几千亿美元的时候投 1 万美元，其意义大不相同。所以，"因为看见而相信"是一种风险较低的思维方式，同时也很平庸；"因为相信而看见"意味着风险，却也是一个人智慧的体现。

"信人者，人未必尽诚，己则独诚矣；疑人者，人未必皆诈，己则先诈矣。"一个肯信任别人的人，虽然别人未必都是诚实的人，但是自己先做到了诚实；反之一个常怀疑别人的人，虽然别人未必都惯用欺诈，但是自己已经先行欺诈了。《道德经》也云："圣人常善救人，故无弃人；常善救物，故无弃物。"圣人总是以一颗慈悲之心待人接物，不仅能应对不好的人、事、物，还能影响和改变事情的发展方向。

我们公司的员工自入职以来，就接受传统文化教育，很多人每天都在进步，真正做到了"兴业济民，普利大众"。但也存在一个现象，极少数人甚至包括老员工，表面上说着"好听"的话、做着"好看"的事，背后却罔顾公司利益、谋取私人利益。很多企业也存在这种现象，我相信任何一位企业管理者，都清楚这些人的意图，但很多时候企业管理者却对他们"放任不管"，这是为什么呢？

要知道，人世间任何事物都有两面性，有好有坏、有善有恶、有正有邪，这两股力量互相制约、中和守衡。企业也不例外，有人恪尽职守、兢兢业业，也有人玩忽职守、中饱私囊。面对企业中个别不良因素，企业管理者不是放任不管，而是用全局观加以判别和处理，牺牲小利顾全大局。一直以来，马氏以"上以无为、下以有为、事以合为、无所不为"为管理原则。尽管个别员工存有私心，甚至做着损人利己的事情，但我仍坚持以全局观处理问题，从不强硬处理，而是让他继续在岗位上发挥作用。同时，通过不断提醒和鞭策，让他们认知自己的错误行为，进而改进自己。

很多时候，智慧与愚昧只在一念之间，转念一想，你身边的事物就会发生变化。不管你相信与否，我们每天所面临的人和事、需要解决的各种问题，都来自内心的感召，也就是我讲的"吸引力法则"。面对这些纷纷扰扰，我们有两种选择，一种是让自己陷进去，导致不好的结果；另一种是放下不好的心思，转变成好心态，以慈悲善良的心去包容接纳万事万物，那么你的境遇就一定会有所改变。

2019年有一家公关公司，通过朋友引荐找到我，声称可以为我们提供信息资源方面的服务。因为当时马氏有许多合作开展的业务，需要收集各种信息以做参考，加上对方罗列了许多"辉煌战绩"，于是我选择信任，同意将这方面的业务交给对方。在我们签订合作协议并付了钱之后，对方提供的服务却大大缩水，3个月后这家公司的人就找不到了。经过这件事，公司内部团队意识到求人不如求己，于是组建了专业的信息部门，半年之后这个部门的服务水准达到了市场中上水平。所以说塞翁失马焉知非福，虽然我们被人欺骗，但结果是从此以后，公司在信息收集方面无须再借助外力，也算取得一个好的结果。

生活在人世间，我们都希望被真诚对待，而不愿被他人欺骗。但是，"被欺骗"仿佛是一种社会常态，无论是什么人，处于什么地位，都可能遇到这样的事情。有些人被欺骗了，也从来不去埋怨别人，而是"乐受"这段属于自己的缘分，随缘了缘、历事炼心。也有些人久久不能释怀，责人怪己、懊恼不已。

有句话说，我信任你，与你无关——因为"信任"的主动权其实是在自己手上。现实生活中，"不信任"几乎处处存在，本质上其实是我们自身有所匮乏。不信赖他人，实际上是对自己的不信赖和不自信——不相信自己值得被他人好好对待，总是倾向以对抗的方式先攻击对方。所以，信任别人是一种能力，意味着敢于相信自己的判断、敢于承担遇到的风险。

要知道，万般皆由己。信任的"道"就在于：相信自己，提升能力，知行合一，让自己拥有相信别人的能力。看透了信任的本质后，我们就可以自由选择，化被动为主动，真正融入信任的天地，找到生活的真谛。

第八章
如何通过元宇宙，实现万物互信？

越来越近的元宇宙

2021 年，一个酷炫的概念火了起来——"元宇宙"，仿佛就在一夜之间，万物皆可"元宇宙"，人人皆言"元宇宙"。首先是国内外各大科技公司纷纷入局相关领域，如微软、Facebook、腾讯、字节跳动等。Facebook 更是宣布战略转型，更名为 Meta，公司业务聚焦元宇宙生态构建，致力于建立一个数字虚拟新世界。

其次就是国家层面的政策支持，从中央到地方都出台了元宇宙及相关产业的利好政策。工信部提出，将培育一批进军元宇宙、区块链、人工智能等新兴领域的创新型中小企业；北京、上海、深圳、武汉、成都等多个城市则在政府工作报告和产业规划中制定了具体的行动计划。

不少国际知名咨询企业也十分看好元宇宙的未来，彭博行业研究报告预计，元宇宙将在 2024 年达到 8000 亿美元的市场规模；而根据普华永道的预测，元宇宙的市场规模在 2030 年将达到 1.5 万亿美元。

如此庞大的行业前景，让我们不得不认真思考，究竟什么是元宇宙？

其实，"元宇宙"并不是一个新的概念。早在 1992 年，美国著名科幻作家尼尔·斯蒂芬森在科幻小说《雪崩》中就描绘了这样的场景：主人公戴上耳机与目镜，利用连接终端，通过虚拟分身的方式，进入一个与真实世界平行的虚拟空间。人们在虚拟空间中娱乐、消费、工作，并且大部分时间都在这个虚拟空间中度过，这个虚拟空间就叫作元宇宙，即 Metaverse。Meta 意为超越，Verse 表示Universe，Metaverse 即超越现实的虚拟宇宙。

不难看出，元宇宙实际上是一种人类生活方式的变迁，是一种升级。就好像我们从工业时代进入互联网时代，再到移动互联网时代，显然元宇宙就是下一代互联网，是不可错过的技术革命和时代变革。

事实上，元宇宙并不是一项单独的技术，而是一系列高新技术相互结合所呈现的互联网未来形态。目前，公认的是元宇宙至少有六大核心技术，分别是区块链（Blockchain）、交互技术（Interactivity）、电子游戏相关技术（Game）、人工智能（AI）、网络及运算技术（Network）及物联网（Internet of Things）。

正因为这六大技术如今都取得了长足发展，元宇宙这个词才会在时隔 30 年后，涅槃重生，火爆全球。所以，元宇宙其实是科学技术发展到一定程度的产物。本质上，它描绘和构造了未来人类社会的愿景——现实世界和虚拟世界无缝连接，超越时空，创造一个新的世界。

那么，元宇宙和我们讲的信任经济有什么关系？为什么我要在这一篇章讲到它？作为现实世界在虚拟世界的翻版，未来我们人人都会在元宇宙中拥有另一个自我，甚至企业和组织也同样如此。这样一来，人与人之间、组织和组织之间如何打交道，就成了一个不可避免的问题。

"巧合"的是，在元宇宙中，天然具有可以很好管控信任的基因，那就是区块链技术。区块链起源于比特币，又不仅是比特币。它的特点是去中心化，信息不可被伪造和篡改，可以用来安全地储存元宇宙中最重要的资产——数据，包括债权、股权、版权等数字资产。在区块链中，只有你自己拥有私钥，任何人都无法盗取你钱包里的加密货币。

有了区块链技术的大力支撑，元宇宙得以构建经济系统，我们也能在其中拥有自己的数字资产，而不必担心虚拟世界的不真实。去中心化金融（DeFi）具有开放、高效、可靠、安全的特点，使得元宇宙中的虚拟身份和价值归属成为可能，它不仅能够让资产所有者自己掌控资产，还能实现高度安全、透明且可信的自动化交易；而非同质化通证（NFT）基于独一无二、不可复制、不可分割的特性，天然具有收藏属性，因此可用于记录和交易数字资产，如艺术品、游戏道具等有望成为元宇宙的核心资产。

在未来的元宇宙时代，巨头们垄断数据资产、滥用用户隐私数据的情况将不再发生，取而代之的是一个实现数据保护和资产化的全新经济体系。区块链技术将为我们提供一种成本极低的数据确权、交易和分配服务，从而让数据真正掌握在每一个人的手中，成为我们真正的资产，让数据价值最大化。

届时，"万物互联"将逐步走向"万物互信"，再到"万物交易"和"万物协作"。可以说，元宇宙真正做到了用"系统"来管控"信任"，人为干预将受到系统的限制。

从这个角度来看，元宇宙既是虚拟的，也是真实的。在这里，我们拥有另一个身份，拥有另一个社交圈子。借助 VR 和 AR 设备，我们可以随时随地、沉浸式地体验这个世界，还可以去到现实中无法到达的地方。当元宇宙发展到一定程度，甚至会出现一种"元宇宙文明"，拥有与现实世界相媲美的社会形态。

最重要的是，你真正拥有虚拟物品的所有权，而且可以不受限制地使用它，或者将所有权转移给别人，就像现实世界中的一顿饭菜、一张房产证、一叠纸币。你在虚拟世界里建造的房子、赚的钱币、获得的成就，还有你和朋友们共同的经历，都永久保留在元宇宙中，就和现实世界一样真实。

还有一些专家认为，在未来元宇宙时代，金字塔结构的"公司组织"将逐步衰落，开放、公平、透明、共生的"经济社群"，也就是分布式自治组织（DAO）有望成为主流的组织形态。组织的目标也转变为"社群生态价值最大化"，以组织变革的力量，助力各行业实现效率变革，开创更加公平、更加普惠、更加可持续的数字经济新模式。

所以，元宇宙离我们有多远？如果把元宇宙的定义放得宽泛一些，人们沉浸在虚拟世界中的时间其实已经越来越多。我们购买商品不一定要去实体店，在网上几个点击就能完成；打开手机上的短视频应用，我们可以沉浸在大数据精准推送的视频中难以自拔；久未见面的亲人朋友，只要点开视频通话软件，就可以看到他们的样子、听到他们的声音。

是不是在无形之中，我们已经离元宇宙的世界，越来越近了呢？

智慧城市和幸福家园

　　曾经看过一个新闻，一位身处海南的医生，通过 5G 网络实时传送的高清视频画面，远程操控手术 3 个小时，成功为远在北京的帕金森病人完成了"脑起搏器"植入手术。虽然跨越近 3000 公里，却宛如近在咫尺，医生可以和病人实时对话，对病人的情况也能一览无遗，相当于站在病人身边开展治疗。这不禁让我感慨，科学技术的发展如此迅猛，给我们的生活带来了如此大的变化。

　　我还记得，5G 技术曾经引发网友持久的讨论，甚至上升到了国家战略层面，将它看作国与国之间竞争的利器。因为 5G 网络的速度百倍于 4G，在它的支持下，许多以前无法实现的场景将会一一出现，比如智慧医疗、智慧物流、智能交通，乃至智慧城市的建造。这一切，都有一个名字，那就是"物联网"。

不同于前文提到的元宇宙，物联网是一个实实在在的概念，它已经融入人类社会生活的方方面面，而且创造了巨大的经济价值。据统计，2021年中国物联网产业规模突破1.7万亿元，2022年将超过2万亿元。根据2021年世界物联网大会的数据，2020年我国接入物联网的设备数量已经达到45.3亿个，预计2025年将超过80亿个。

其实在日常生活中，物联网的应用场景比比皆是：便利店无须人工售货，顾客扫码开门、自行选购，关门后系统自动识别商品，完成扣款结算；各类家居电器安装智能芯片，实现真正的"人机交互"，带来更好的使用体验；在医院，通过物联网技术开展远程手术、远程救治，大大提高救治效率；高速路口，摄像头自动识别车牌信息，根据路程进行收费，提高运行效率、缩短车辆等候时间……

还有如今大火的新能源汽车，本质上已经可以算是一部"互联网汽车"，达到了相当程度的智能水平。当你每天要去上班时，来到汽车边，它会自动开门；当你到达目的地下了车，离开车子一段距离，它便自动锁上车门。当然了，让汽车实现完全的自动驾驶，是这个领域的最大目标之一。

不知你有没有畅想过，在不远的将来，一切物品都可以联网，包括我们的衣服、我们的牙齿，甚至是我们的大脑。假如牙齿可以安装微型传感器，便能很快分析出食物的成分、身体的健康情况。这样的创意，只有想不到，基本没有做不到的。

如果真的能将我们的大脑连入网络，便来到了许多科幻电影中描述的世界：我们不仅能够读取大脑的信息和意图，还能通过机器向大脑输入信号，并直接用大脑来操控外物，就好像拥有了超能力。毫无疑问，这种场景将大大颠覆我们的想象，不仅是人与人之间的合作、往来，整个人类社会都会发生天翻地覆的变化。

不要以为这只是纯粹的想象——脑机接口技术越来越受到世界各国的重视，并且取得了许多技术突破。目前全球脑机接口产业迅猛发展，涌现出一批知名脑机接口企业，应用场景也在不断拓展。

事实上，物联网技术与另一项高新技术密不可分，那就是人工智能。它们在很大程度上是互补的，没有人工智能的支持，设备之间不可能顺畅地连接在一起并发挥作用；而智能设备在接入物联网之后，就能获取更多数据，不断自我学习和进步。在自动化和智能化的未来世界，物联网和人工智能将使我们的生活更容易、环境更安全，我们所使用的工具也会更加个性化。

如今，人工智能就像空气和水一样，渗透至我们的日常生活当中，尽管你可能感受不到，甚至忽略了它的存在，却永远也离不开它了。它正在与各个行业深度结合，并带来工作效率的提升和人力成本的大幅降低。未来，人工智能将推动所有传统产业转型升级，为下一次技术革命提供最大的动力。

有人说，想要布局元宇宙就要先布局物联网。本质上，物联网是真实宇宙与虚拟"元宇宙"的链接，是我们在元宇宙中提升沉浸式体验感的关键所在。它将使万物相联成网，将各种信息传感设备与网络结合起来，形成一个巨大的网络，实现任何时间、任何地点的人、机、物的互联互通。

作为元宇宙的核心技术，物联网和人工智能经过多年的发展，已经非常成熟。再加上区块链技术的助力，智慧城市的建设越来越快，也越来越有效率。结合区块链的优势，城市可以较快实现数字化，每一样东西都将被数字控制，从而减少人力、物力，还能节省大量时间。而区块链与物联网的结合，则有助于提升透明度，建立信任，提高基础设施的活力和智慧城市的运营效率。总而言之，区块链将在政府和人民之间引入一种新的信任感、透明度和安全感。

建设信任社会，"人"当然是第一要素，但"技术"的力量也不可忽视，因为人类社会永远处于探索和进步当中。有了技术的加持，我们才能更好地经营和管理这个世界。在建设智慧城市的时候，必须遵循"可管可控、安全可信"的根本原则，让这个巨大而复杂的系统，成为我们的幸福家园。

图书在版编目（CIP）数据

信任经济 / 马小秋著. -- 北京：社会科学文献出
版社，2023.4
ISBN 978-7-5228-1586-2

Ⅰ.①信… Ⅱ.①马… Ⅲ.①企业管理－通俗读物
Ⅳ.①F272-49

中国国家版本馆CIP数据核字（2023）第050804号

信任经济

著　　者 / 马小秋

出 版 人 / 王利民
组稿编辑 / 邓泳红
责任编辑 / 吴　敏　张　媛
责任印制 / 王京美

出　　版 / 社会科学文献出版社（010）59367127
　　　　　地址：北京市北三环中路甲29号院华龙大厦　邮编：100029
　　　　　网址：www.ssap.com.cn
发　　行 / 社会科学文献出版社（010）59367028
印　　装 / 中华商务联合印刷（广东）有限公司

规　　格 / 开　本：787mm×1092mm 1/16
　　　　　印　张：15.5　字　数：198千字
版　　次 / 2023年4月第1版　2023年4月第1次印刷
书　　号 / ISBN 978-7-5228-1586-2
定　　价 / 99.00元

读者服务电话：4008918866